湖南省重点建设学科“企业管理”学科出版资助

湖南省社科基金项目（13YBA030）、长沙学院2013年人才引进项目出版资助

我国村镇银行脆弱性的测度及成因分析

何颖媛　著

中国财富出版社

图书在版编目（CIP）数据

我国村镇银行脆弱性的测度及成因分析 / 何颖媛著 . —北京：中国财富出版社，2014. 7

ISBN 978 -7 -5047 -5218 -5

Ⅰ. ①我…　Ⅱ. ①何…　Ⅲ. ①农村金融—商业银行—研究—中国　Ⅳ. ①F832. 35

中国版本图书馆 CIP 数据核字（2014）第 102241 号

策划编辑　郑欣怡　　责任印制　何崇杭
责任编辑　戴海林　苏　娜　　责任校对　饶莉莉

出版发行　中国财富出版社
社　　址　北京市丰台区南四环西路 188 号 5 区 20 楼　　邮政编码　100070
电　　话　010 -52227568（发行部）　　010 -52227588 转 307（总编室）
　　　　　010 -68589540（读者服务部）　　010 -52227588 转 305（质检部）
网　　址　http：//www. cfpress. com. cn
经　　销　新华书店
印　　刷　北京京都六环印刷厂
书　　号　ISBN 978 -7 -5047 -5218 -5/F · 2160
开　　本　710mm × 1000mm　1/16　　版　　次　2014 年 7 月第 1 版
印　　张　12. 5　　印　　次　2014 年 7 月第 1 次印刷
字　　数　191 千字　　定　　价　30. 00 元

序　言

现代农村经济发展的一个重要特征就是经济与金融的关系日益密切。《新型农村金融机构2009—2011年总体工作安排》出台后，作为新型农村金融机构主力军的村镇银行得到迅速发展，成为支持地方经济发展的新兴力量。但农村金融生态环境、制度安排以及自身运营管理的缺陷，影响了村镇银行的生存和可持续发展的能力。村镇银行的健康发展已成为关系到中国农村经济能否持续增长的重要因素，对其脆弱性进行研究十分重要。

本书分别从农村金融生态环境、制度安排以及经营管理的视角探讨村镇银行脆弱性的成因，构建了兼顾主客观赋权法优点的基于熵值法和层次分析法的综合权重，并基于综合权重构建了村镇银行脆弱性综合评价模型。采用村镇银行脆弱性综合评判模型，以湖南省村镇银行为研究对象，对村镇银行脆弱性进行实证分析，研究表明村镇银行脆弱性程度偏高，反映了当前村镇银行生存和可持续发展能力相对较弱。

农村金融生态环境是村镇银行赖以生存和发展的环境基础。本书从农村金融生态环境的角度探讨村镇银行脆弱性的生成。根据理论和文献分析，对农村金融生态环境进行了深入研究，具体分析农村金融生态环境各个构成子系统以及各子系统属性对村镇银行脆弱性的影响机理，并通过实地访谈和问卷调查，运用结构方程模型，对农村金融生态环境及其属性构成与村镇银行脆弱性的关系进行了实证检验，研究结果表明：除了农村经济环境中的农村市场经济可持续性、农村金融环境中的农村金融效率和农村金融市场体系建设、农村法律环境及其3个维度对村镇银行脆弱性的影响未得到支持外，其他因素的改善均对降低村镇银行脆弱性有显著正向影响。

从制度安排的角度分析了村镇银行脆弱性的形成。从市场准入制度的视角，基于 Salop 圆周模型的研究发现过低的市场准入制度会降低村镇银行的特许权价值，阻碍激励约束机制作用的充分发挥，导致经营管理的弊端；外部市场约束制度的不完善增加了村镇银行的运营风险，削弱了其可持续发展能力；此外，根据信息不对称理论，我国的隐性存款保险制度和最后贷款人制度在实施过程中的随意性和模糊性加剧了农村金融市场上的逆向选择和道德风险，易导致村镇银行的脆弱性。

从村镇银行的运营管理的微观角度入手，研究了村镇银行的脆弱性问题。从吸储能力、信用增进模式、贷款定价能力、业务结构、风险管理能力五个方面研究了村镇银行脆弱性的生成。村镇银行普遍存在的吸储难的问题已成为制约村镇银行进一步发展的重要因素，由此导致贷款能力差和流动性的不足。以村镇银行的信用增进模式选择为切入点，运用博弈模型，并通过与普通商业银行对比，发现村镇银行更为脆弱，这主要源于信用增进手段的缺失。基于贝叶斯纳什均衡模型，进一步研究了村镇银行的最优贷款定价问题，结果发现村镇银行贷款定价的决定因素在于借款企业的资产价值风险、企业破产概率、企业破产成本率、税率等，而村镇银行信贷对象具有高风险、高破产率、高破产成本率等特征，给村镇银行带来更大的系统性风险，易导致脆弱性。此外，业务结构单一、风险管理能力较弱等方面也都强化了村镇银行的脆弱性。

根据理论和实证分析结果，本书分别从改善农村金融生态环境、完善政策与措施搭配以及提高村镇银行的经营管理能力方面着手，提出促进村镇银行可持续发展的对策建议。

何颖媛
2014 年 4 月

目 录

1　绪论

1.1　问题的提出

1.1.1　选题背景

农业是我国的基础性产业，在国民经济发展中起着举足轻重的作用。农业丰则基础强，农民富则国家盛，农村稳则社会安。当前，我国农村经济进入了“以工促农、以城带乡”的发展阶段，在走中国特色的农业现代化道路、加快对传统农业的改造过程中，农村对金融服务的需求大幅度增加。然而长期以来我国农村金融发展滞后，存在金融供给不足、金融机构网点覆盖率低、竞争不充分等诸多问题。根据中国银监会公布的《中国银行业农村金融服务分布图集》显示：我国县及县以下平均每万人拥有机构网点数仅 1.26 个，每个乡镇的银行业网点平均不足 3 个，农村地区不仅人均金融网点的资源占有率低且人均贷款水平差距极大。

为满足农村金融市场的需求，2006 年 12 月 20 日中国银监会发布了《关于调整放宽农村地区银行业金融机构准入政策更好支持社会主义新农村建设的若干意见》，按照“低门槛、严监管”原则，引导各类资本到农村地区投资设立村镇银行、贷款公司和农村资金互助社等新型农村金融机构。随后不久，全国各地纷纷进行新型农村金融机构的试点建设工作，截至 2012 年 8 月底，银监会共批准成立村镇银行机构 1176 家，其中总行 756 家，分支行 420 家。村镇银行已成为支持地方经济发展的新兴力量，它的迅速发展有利于合理配置农村金融资源和培育健康、多元的竞争性农村金融市场体系，有效增强了对农户和中小企业的金融服务。

但是，由于外部条件的不确定性以及自身经营体制的缺陷，村镇银行在运行中难免会出现一些问题，这就加剧了风险的集中。从外部环境来看，农村生态环境是村镇银行赖以生存和发展的环境基础。但目前农村经济发展水平不高、农村金融市场效率较低、政府对农村金融市场干预过多以及农村法律和信用环境的缺陷都会对村镇银行的可持续发展造成影响。从制度方面来看，为鼓励村镇银行的发展，国家从发起人、持股比例和股东资格以及注册资本等微观制度方面对村镇银行的准入制度进行了详细的规定，但门槛较低。按照《村镇银行管理暂行规定》，在县（市）设立的村镇银行注册资本不低于300万元；在乡（镇）设立的村镇银行注册资本不低于100万元，这使得村镇银行普遍规模较小，这种微型化使其抵御风险的能力大大降低。同时市场约束机制和外部危机舒缓制度的不完善，也都会削弱村镇银行稳定性和抵御风险的能力。从运营机制来看，村镇银行普遍面临的问题是吸储难、借款者（农户）还款能力与还款意识低下、借款者的担保资产变现价值低以及缺乏相应的个人信用体系的信用约束；在贷款利率方面，为使收益能覆盖风险，村镇银行应开发适合农村金融市场的利率定价模式。但从实际情况来看，村镇银行贷款利率的制定都是采取急功近利的市场化策略，这些无疑都会增加其自身的脆弱性。

村镇银行的健康发展已成为关系到今后中国农村经济能否持续增长的重要因素，在国家大力发展村镇银行的背景下，对其脆弱性进行研究十分重要。

1.1.2 研究的目的与意义

从理论层面来讲，目前理论界对金融脆弱性的研究主要集中在商业银行这一块，很少涉及农村金融机构，对村镇银行的分析更是少之又少，既有的研究也大都以定性分析为主，缺乏深入的理论探讨和实证研究。从实践方面来讲，研究村镇银行脆弱性问题，探索促进其健康可持续发展的途径，这对于更好地满足农户和涉农企业的资金需求，促进农业和农村经济的发展具有十分重要的实践意义。就本书而言，主要的研究目的有以下三个方面：

第一，探讨“村镇银行到底有多脆弱”的问题。在对村镇银行脆弱性的诱因进行分析的基础上，运用模糊层次分析方法，对村镇银行的脆弱性进行测度。

第二，分析“村镇银行的脆弱性的来源”的问题。分别从农村金融生态环境、制度安排以及经营管理的角度探讨了村镇银行脆弱性的形成原因，以明确村镇银行的脆弱性来源和作用路径。

第三，提出“降低村镇银行脆弱性”的方法。通过政府、市场和村镇银行相互作用，探讨降低村镇银行脆弱性的方法，更好地发挥村镇银行服务农村的功能，促进我国农村经济发展和社会进步。

1.2 相关文献综述

1.2.1 关于村镇银行的研究现状

1. 国外研究现状

自20世纪70年代中期尤努斯教授在孟加拉创建乡村银行以来，许多国家积极探讨适合本国特点的农村金融机构的发展模式，经过多年的发展，已经形成了一些固定模式。国外并没有村镇银行的说辞，而主要是采用微型金融机构（MFIs）的表述方式。诸多学者围绕农村微型金融机构的运营绩效、社会功能的实践检验、风险管理等方面进行了诸多的研究。

关于农村微型金融机构自身运营的绩效问题研究。Korotoum ou Ouattara Douglas H. Graham（1998）研究发现乡村银行采用的集体借贷的模式有利于客户信息的收集和控制风险，但大部分贫困国家农村金融互助组织都存在着产权不明、规模过小的缺点。Cull 等人（2007）通过对49个国家124个微型金融机构进行研究，发现 MFIs 在经营中营利性较差，这主要是因为在给穷人提供金融服务的过程中，各类费用不断增加，挤压了利润空间。而 Hermes 等人（2009）通过对 435 个 MFIs 的 1997—2007 年相关数据的统计，认为 MFIs 运营的绩效与一国金融市场的发育程度呈正相关，在市场化程度高的金融市场可以有效促进 MFIs 绩效的提升。

关于农村微型金融机构社会功能的实践检验。Kirkpatrick 和 Maimbo（2002）通过调研和分析发现，各国微型金融机构的设立和发展扩展了金融服务的水平和范围，使穷人享受了更便利的金融服务。同时也可以提高生产者和消费者的福利水平（Shetty 和 Veerashekharappa，2009）。但 Weiss 和 Montgomery（2005）的研究却表明，MFIs 的有效作用很少真正服务于“核心穷人”（Core Poor）群体，而被富人群体挤占了金融资源。同样，Emeni（2008）通过运用 t 统计检验法对尼日利亚 MFIs 中介服务功能进行实证研究，认为不要过于乐观强调 MFIs 在尼日利亚国民经济中的作用。

关于农村微型金融机构风险方面的研究。CGAP（2008）近期调查研究显示，国际微型金融业正面临信用风险、再融资风险、汇率风险、存款流失风险以及政策制定者过度反应风险。Littlefieild 等（2009）认为通胀将在 2009 年后对微型金融客户业务产生负面冲击，进而恶化微型金融机构的信用风险。Raghavendra Badasker（2008）指出，在利率上升、本币贬值情况下，一些拉美国家的微型金融甚至报告了 75% 的年汇率损失。而政府在危机时的积极干预政策也会侵害市场的竞争性，损害普惠性金融体系的健康成长。国外对社区银行的研究比较完善，最值得我国村镇银行借鉴的是风险控制模式。国外学者认为控制小额信贷风险应主要采用两种基本模式：一是孟加拉国格来珉银行采用的小组联保贷款模式；二是个体贷款模式。小组联保贷款模式可以通过借款人自由组合贷款联保小组成员，利用小组成员形成的“物以类聚”现象，使银行可以区别出借款人的风险高低类型，从而减轻银行与借款人之间的信息不对称（Ghatak，1999）。Berger，Miller 和 Peterson（2005）经过研究发现，小银行比大银行更善于处理诸如借款人性格、日常行为、能力、口碑等方面的“软信息”。因此，将小额贷款的决策权下放给基层信贷员可以最

有效利用他们所掌握的第一手软信息（Stein，2002）。

2. **国内研究进展**

国内对于村镇银行的研究，大多是针对其实践发展中遇到的困难和问题展开的。综观已有的文献成果，主要是围绕村镇银行的可持续发展、经营管理、制度绩效、市场定位、风险管理等方面展开研究。

（1）对村镇银行可持续发展的研究。高传华（2012）认为村镇银行设立的“发起行”制约、法人治理结构缺陷、政策扶持制约以及赢利的信贷产品创新的缺乏制约了村镇银行的发展。武晓芬和莫呐（2012）从风险控制的视角分析了西南地区村镇银行可持续发展的问题，认为解决服务“三农”与赢利的矛盾以及赢利与控制风险的矛盾是实现村镇银行的可持续发展的重要手段。孟德锋，卢亚娟和方金兵（2012）从金融排斥的形成机制的角度分析了影响村镇银行发展的因素，研究结果发现，就业、企业经济效益和经济开放度对村镇银行的发展有正向影响，税收政策有负向影响，地区经济发展水平和金融基础设施对村镇银行的发展则基本无影响。高晓燕和孙晓靓（2011）认为要实现村镇银行的可持续发展，首先应着重进行金融创新，此外还应加大政府对村镇银行的扶持力度，完善监管手段，加强农村信用体系建设以及改善区域金融生态等。

（2）对村镇银行经营管理问题的研究。郭素贞（2008）认为村镇银行在运行过程中市场定位偏离“三农”目标，信誉度较低且产品缺乏差别性。李建华等（2008）认为还存在资金清算、会计科目等方面的问题。张鸣鸣（2007）指出为促进农村经济的发展，村镇银行应积极介入农业生产链中各个环节，开展农业产业化链式服务，并通过强化与地方政府、保险机构、经济合作组织等部门的合作来共同建立技术和信息沟通平台，将金融服务、技术与信息服务、保险服务等有机整合。在贷款定价方面，唐晓旺（2008）认为，由于村镇银行贷款对象债务承受能力较弱，因此利率不宜过高，但也需覆盖发放贷款的成本和风险，以保证其自身的健康稳定发展。孙立明（2006）专门研究了吉林的实践模式与运行机制，提出合作社实行差别的市场利率定价机制。周才云（2012）通过调研发现目前我国村镇银行的贷款利率制定方法比较简单，具有一定的随意性，这主要源于专业人才的缺乏以及金融基础设施的不完善。因此必须完善村镇银行贷款利率形成机制，保证村镇银行的稳健运行。牛海波和王松伟（2010）认为村镇银行的运营环境和经验管理都有其自身的特点，应通过集体账户管理，发挥利率激励机制，设计适合村镇银行的吸储方式。

（3）对设立村镇银行的制度绩效研究。秦汉锋（2008）和李莉莉（2008）等分别从改革理念创新、改革路径创新、改革目标创新和改革设计创新四个方面对村镇银行的制度创新问题进行叙述，认为村镇银行的设立是我国农村金融改革的创新之举，有利于构建竞争性的农村金融市场。何广文（2008）认为虽然村镇银行的设立能一定程度缓解农村金融供无原则矛盾，但不能根本解决农村金融问题。

（4）对村镇银行市场定位研究。邹力宏和姚滢（2008）分析了外部环境对村镇银行发展的机遇和威胁，以及内部环境的优势和劣势，认为村镇银行的市场定位主要是为欠发达地区的农户和微小企业提供小额信贷，而程昆（2009）和绵阳市金融学会等认为村镇银行应体现国家以工补农、以城带乡思想，努力开发适合“三农”的创新型金融产品。

（5）对村镇银行风险管理方面的研究。胡忠良（2011）对村镇银行信贷风险的成因和表现进行了分析，认为农业的弱质性和农村信用资本不发达等因素给村镇银行带来了极大的信贷风险。高凌云（2008）等认为农村经济主体和农业的特征是导致村镇银行信用风险的主要原因，信用风险防范要从农村经济主体信用意识和经营管理方面着手。刘波和刘亦文（2012）认为我国村镇银行还刚起步，在运营中面临诸多风险。控制村镇银行风险应从加强贷款风险控制管理、提高服务的科技手段以及完善农户信用记录等方面入手。陈军和曹远征（2008）对抵押担保的做法提出质疑，他们认为抵押担保的“过滤机制”的理论命题在农村金融市场上却受到了极大的挑战，对于抵押在农村信贷中的作用不能寄予过高的期望。于丽红和陈霞（2011）认为防范村

镇银行的信贷风险主要手段是建立浮动利率的贷款风险定价机制，科学高效的农村信用评估方法、抵押担保方式的创新等。唐晓旺（2008）等提出了我国村镇银行组织创新的路径，认为应增加投入，建立村镇银行组织创新的扶持机制；提高风险控制能力，完善村镇银行可持续发展的运营机制；以差别化监管为原则，制定合理的监管框架；以支付清算系统建设为依托，完善农村金融基础服务体系。

1.2.2 关于金融脆弱性的研究现状

1. 国外研究现状

关于金融脆弱性的研究，最早可追溯到马克思。1877 年经济危机中的大量银行的倒闭使马克思认识到了银行体系的脆弱性，他提出了“银行体系内在脆弱性假说”，并从信用制度的角度进行了阐述。此后，凡勃伦和费雪分别从证券交易的周期性和实体经济的周期性角度探讨了金融的不稳定。但首先对金融脆弱性进行系统性解释的是美国经济学家 Minsky，他在 1982 年首次提出了“金融脆弱性假说”，认为金融业高负债经营的特征是脆弱性形成的根源，从而引发了国外大量学者对金融脆弱性问题的关注。J. A. Kregal（1997）提出了“安全边界说”，从银行的角度研究了信贷市场的脆弱性，认为信贷市场的脆弱性主要来源于银行不恰当的评估方法。

另有学者从银行体系脆弱性问题微观机制方面展开了研究。Diamond 和 Dybvig（1983）提出了银行挤兑模型，认为从存款者对流动性需求的不确定性以及相对负债来说，银行的资产缺乏流动性是银行体系脆弱性产生的主要原因，因此，为了保护银行避免遭受挤兑，政府应提供存款保险制度和最后贷款人机制进行保护。此后，很多学者对此进行了深化和扩展。Allen 和 Gale（2003）以 D－D 模型为基础，建立了关于银行恐慌和经济周期一致的理论模型，他们认为，银行挤兑不仅有成本也有收益，中央银行不一定要对其进行干预。他们按照银行挤兑的发生、成本和收益分为三类，在不同的情况下，中央银行应采取不同的策略。

随着博弈论和信息经济学的发展，经济学家开始从信息不对称的角度来探讨金融机构脆弱性的成因。由于信贷市场上存在着逆向选择和不当激励，在经济繁荣时，金融机构倾向于选择收益高的项目，而这些项目在经济衰退时更加容易出现问题（Stiglitz 和 Weiss，1981）。Mishkin（1996）认为银行等金融机构的内在脆弱性来源于信息不对称所导致的逆向选择和道德风险，并用债务合约的道德风险对此进行了进一步的阐述。当经济繁荣时，企业经营状况良好，银行一般不会对企业的赢利状况进行审查。而当企业不能按时偿还债务时银行再来审查，危险已经存在。

此后的学者从各种角度对金融脆弱性展开了广泛的研究。Boyd（2004）从宏观经济角度考察了银行体系的脆弱性，发现竞争和货币政策都会对于银行稳定性产生影响，当通货膨胀率高于某一临界值时，竞争性银行体系会更脆弱，而当通货膨胀率低于某一临界值时，受影响更大的则是垄断性的银行体系。Charles（2006）认为金融脆弱性是作为一种平横现象自然出现的，货币政策会对金融脆弱性产生影响，因此政策制定者需在金融稳定性和经济效率之间进行权衡。Andrea M. Maechler，Srobona Mitra 和 DeLisle Worrell（2007）以欧盟 18 个国家为例，探讨了各类金融风险对银行体系的脆弱性的影响，结果表明，金融风险、宏观经济环境和监管手段对银行体系风险的影响存在差异，金融风险对银行体系的稳定性产生影响，但监管质量的提高可以对此形成制约。

关于银行业竞争与银行体系脆弱性的关系，理论界一直都没有达成共识。Thorsten Beck，Demirgus－Kunt 和 Ross Levin（2005）认为银行业集中度和银行体系的脆弱性呈反方向的变动，一定程度的银行业集中度可以降低银行体系的脆弱性，减少银行危机的发生。Allen 和 Gale（2004）认为银行脆弱性与银行间的市场结构以及风险传播的方式紧密联系，竞争与银行脆弱性并不存在均衡关系。虽然完全竞争的市场结构能使金融市场达到最优的稳定性水平，但当存在存款保险制度以及存款竞争激烈的情况下，银行的稳定性会受到损伤。Ruiz－Porras 和 Antonio（2007）发现以银行为主的金融体系和金融发展的水平与银行业的集中度密切相关，银行竞争会影响银行系统的稳健性，而以银行为主的金融体系又加剧了银行体系的脆弱性。Boyd 和 De Nicolo（2005）认为在竞争度较低的情况下，银行会向企业收取较高的贷款难利息。因此，如果银行的市场份额与银行的集中度相关，集中会使贷款企业承担较高的资金成本，导致企业承担更高的风险，增加银行资产预期收益的波动，这也意味着，集中度高的市场银行更加脆弱。

另外，Berger 和 Gregory（2004）用“机构记忆假说”来解释银行信贷行为的周期性特征。由于银行是以利润最大化为目标，严重的损失事件和银行危机会使信贷人员的能力得到提高，但危机过后，信贷标准会被放松，从而使得信贷行为出现周期性的扩张和收缩，导致银行的脆弱性不断积累。

次贷危机发生后，引发了更多学者对金融脆弱性的关注。Arvind Krishnamurthy（2009）认为造成这次经济危机的关键原因在于世界各地对于无风险资产的大量需求，这种需求不仅引发了美国资产价格的大幅上涨，也使风险在资产负债表中得以体现，而资本流动带来的证券化热潮和金融机构的杠杆作用，加剧了经济全球性失衡。同时，金融中介机构为了迎合投资人对安全和风险的需求，设计了看起来安全但实际却隐含着被忽视的风险的金融产品。由于风险被忽视，对安全的保险也显得多余，当投资者最终认识到这些风险而回到传统证券市场中时，会使市场变得脆弱。即使没有杠杆作用，新需求的增大也会加深这种脆弱性（Nicola Gennaioli，2010）。Qi Chen，Itay Goldstein 和 Wei Jiang（2010）通过对理论模型以及共同基金数据的分析，与流动性资产相比，流动性不足的资产（也意味着互补性更强）对过去的不好表现出更强的敏感性，因此，投资者之间的战略互补性会导致金融市场的脆弱性。Alessandro Vercelli（2009）利用明斯基理论，通过构建内生性的不稳定和脆弱性的金融波动模型，从金融不稳定假说来重新解释“次贷”危机。他在批判 Minskyan 对金融部门分类基础上，发展新的可以让不同分类单位的财务状况得到连续测量的分类方法，并在此基础上解释了财务状况的波动以及导致明斯基波动甚至明斯基灾难的环境。Alessandro Vercelli（2009）对“金融不稳定假说”的含义和范围进行重新界定，通过构建新的模型来解释金融危机、金融稳定期以及从稳定到不稳定的转变过程。Piero Ferri 和 Anna Maria Variato（2010）考察了金融脆弱性和经济动态之间的关系，从宏观经济视角来考察了 Minskian 微观经济基础，发现均衡体系和危机均衡有着显著区别，金融和实体经济之间的相互作用是产生波动的主要因素。Soon Ryoo（2010）通过构建实体部门和金融部门的相互作用而引发了企业和家庭金融脆弱性的内生金融脆弱性模型发现，企业和家庭财政行为的改变产生长波，有效需求和劳动市场的动态变化产生短周期，从而从经济周期的角度考察了金融脆弱性。Knutsen，Sverre，Sjögren 和 Hans（2009）认为在理解系统性风险和非金融部门债务的增多方面，制度因素起着决定作用，从而构建了制度冲突和金融脆弱性——银行危机的演化模型，发现银行危机是阶段性演化的，并不是每次衰退都会带来银行危机，但所有的银行危机都会伴随着体制冲突。

一般而言，对金融脆弱性定义的不同会导致对其进行衡量时变量选取的差异。Susan Schroeder（2009）在对金融脆弱性定义的理论框架进行回顾的基础上，提出了金融脆弱性的检测方法，并用此对新西兰进行了实证检验，结果表明新西兰经济一直处于脆弱状态超过三年。Fernando Ferrari - Filho（2010）在明斯基金融脆弱性假说的基础上，构建了关于公共部门金融结构的金融脆弱性指标，并分析了 2000—2008 年巴西的公共部门财政金融结构。结果表明，巴西金融结构在 21 世纪都是投机性的，而且由于公共部门债务的增加，政府无法采取反周期的财政政策。María Fabiana Penas 和 Günseli Tümer - Alkan（2010）研究了银行信息披露与金融脆弱性的关系。在对土耳其银行股票价格的实证研究中发现股东对期限错配、货币错配、不良贷款增加等金融脆弱性指标对未来利润的影响变化反应消极，导致土耳其银行的金融脆弱性指标程的不断恶化。Frank Strobel（2009）通过修改常用的银行资产比率衡量的金融脆弱性模型，构建程式化的实物期权模型，并对核心东盟 +3 国是否会形成金融危机联盟进行检测，发现群体越大，越容易形成金融危机联盟。

2. **国内研究现状**

国内大量学者对金融脆弱性展开了研究，孙立坚（2004）从金融经济学的角度出发，认为金融体系的脆弱性是指金融体系的投资、融资服务、流动性供给、风险分散、价格发现、信息生产和公司治理这六大基本功能无法正常发挥作用的状态。由于银行业是金融业的主体，因此，国内大量的研究关注的都是银行体系的脆弱性。张五钢（2007）对我国商业银行的脆弱性特征及其演化趋势进行了分析，我国商业银行的脆弱性是一种混合型的脆弱性，是市场经济条件下商业银行市场脆弱性和经济体制转轨带来的体制性脆弱性的综合。徐燕（2010）对我国金融体系的脆弱性表现特征进行了分析。由于银行体系是我国金融的主体，我国金融脆弱的主要标准是商业银行所积累的不良资产，政策性金融因承担着国家政策性支农任务，不良贷款率也较高，其他非银行金融机构，如城市信用社、信托投资公司等也累积了大量坏账，导致脆弱性的积聚。

关于银行体系脆弱性的成因方面，一部分学者从宏观经济角度方面探寻原因，如李辉（2009）认为政府因素是影响银行脆弱性的重要变量，因为在经济发展的 AD 模式下，国家的财政货币政策都是为了配合产业发展的，产业结构失衡会引发经济发展失衡，从而恶化了银行经营环境，加剧商业银行脆弱的被动积累。杜朝运和林智乐（2007）对我国金融脆弱性的形成机理进行了分析，认为体制转型带来的制度变迁和产权安排导致国有银行积累了大量的金融风险，而金融自由化过程中带来的利率自由化、混业经营和金融创新等方面都会引发金融的脆弱性，银行业开放与国际资本流动也是我国金融脆弱性形成的原因。

另有学者从银行内部特征入手进行分析。宋敏（2006）认为，银行业的脆弱性是指风险在银行业积聚所形成的与稳定、坚固相对的状态，是指银行由于资产负债结构的特征在外在因素或信息的冲击下易于导致存款人心理恐慌进而挤兑银行的这样一种特性。他认为银行和企业间存在的预算软约束是银行脆弱性形成的原因，因为预算软约束导致银行信贷扭曲，进而形成大量的呆坏账，加剧银行业的脆弱性。李俊峰（2011）从公司治理的视角分析了商业银行脆弱性的生成，研究发现股权集中度的降低和有效的独立董事制度的建立有利于降低银行脆弱性水平。高山（2009）认为资产负债期限及流动性的特殊性、内部人控制问题的存在以及信息生产者和信息需求者双重身份的重叠是银行脆弱性形成的主要原因，当脆弱性累积到一定程度后很可能引发银行危机。刘湘勤和陈建华（2010）从金融企业家的角度探讨了金融脆弱性生成的微观基础，由于金融企业家利用了非对称信息和金融市场参与者的心理偏差来操控市场和过度创新致金融脆弱性，而制度根源则是金融监管制度设计中的激励冲突，扭曲了金融企业家行为。

还有学者从市场竞争性方面来探讨银行业脆弱性形成的原因。钱雪松，袁梦婷（2012）通过运用面板 Logistic 模型，从银行业集中度和间接融资比例的视角分析了银行脆弱性，研究表明银行业集中度对银行脆弱性的影响并不确定，影响的方向取决于国家收入水平。袁德磊和赵定涛（2007）从银行特许权价值、集中度和银行业规制俘获三个层面分析了竞争与银行脆弱性的关系，研究发现竞争对银行脆弱性的影响会受到各种市场环境和管制政策的制约，发展路径的不同会导致结论的不同。林朴（2007）将银行竞争分为创新者引致的竞争、业务雷同竞争以及业内银行间的竞争，创新者竞争会导致低效率银行的破产；业务雷同竞争会挤占市场份额，使得银行为扩大市场份额而导致贷款质量下降；兼有创新者和业务雷同者身份的外资银行的加入，会带来客户的流失，消减银行的竞争力。这些都会带来银行体系脆弱性的加大。肖华荣（2006）运用两期博弈模型的分析发现，外资银行的进入对上海银行业形成竞争。只有通过提高金融服务的创新能力、加强企业的治理结构等内功方面入手，上海银行业才能增强其竞争力。

信息不对称是金融市场中普遍存在的现象，艾洪德和郭凯（2006）将金融脆弱性、不完全信息以及制度变迁与金融风险的关系纳入到统一的框架中进行了分析，很好地揭示了金融风险理论的从“宏观假说”到“微观基础”，从“静态”到“动态”的演变过程。徐杰（2004）认为信息不对

称是根植于金融市场的内生因素。他从银行信贷市场、证券市场以及保险市场分析了金融市场的脆弱性与信息不对称的关系，认为信息的不对称是导致金融脆弱性的深层原因。朱疆（2005）认为信息不对称所引发的逆向选择与道德风险是我国银行体系和证券市场脆弱性的重要原因，目前我国金融业的脆弱性比较严重，为了防范金融风险应从减少信息不对称入手。南旭光（2004）认为由于道德风险而形成的不良贷款存在于我国银行贷款发放的全过程中。贷款发放前，银行无法对信贷行为进行有效监督，政府干预造成的信贷扭曲使不良贷款倍增，贷款发放中银行经营者的道德风险造成了不良贷款的增加，贷款发放后贷款企业的道德风险加剧了银行的信贷风险。刘锡良，曾欣（2003）认为政府的担保机制导致银行体系和证券市场上的道德风险严重，中国金融体系的道德风险已经深入到最基层的代理人，存在着严重的脆弱性。

此外，国内诸多学者对银行的脆弱性的成因进行了实证研究，其中大部分都是运用 Probit 和 Logistic 模型。伍志文（2002）选取了21 个指标，运用 Probit 模型和 Logistic 模型对银行体系脆弱性的成因进行了实证分析，研究发现导致银行体系脆弱性的主要因素是金融变量。戴钰（2010）利用多元 Logistic 模型对我国银行体系的脆弱性进行了实证分析，研究发现城乡居民储蓄存款增长率、汇率增长率以及进出口增长率对我国银行体系的脆弱性有着显著的影响。任皓皓（2011）运用 Granger 因果关系检验和协整模型研究了我国国有银行脆弱性的来源，结果表明部分宏观经济指标和金融指标导致了脆弱性。范洪波（2004）用 Logistic 模型分析了国有商业银行的脆弱性，通过实证检验发现通货膨胀率、实际利率和增长率三个指标和国有商业银行脆弱性显著相关。同时从整体上来说，宏观经济因素对国有商业银行体系脆弱性产生的影响比微观金融因素对其的影响要显著。陶金和张筱峰（2007）用 Logistic 模型从银行经营稳健性的宏观和微观因素对四大国有商业银行的脆弱性进行了实证检验，发现通货膨胀率、成本收入比、资本收益率以及不良贷款率对银行脆弱性的影响最为显著。刘卫江（2002）

对中国银行体系的脆弱性进行了计量分析，通过对通货膨胀率、财政赤字占GDP比重、投资和消费的周期性波动等宏观经济变量的实证分析发现，1985—2000年这16年间有6年中国银行业是不稳定的，并进一步探讨了导致银行脆弱性的原因，研究发现：消费增长、实际汇率变动和投资增长与银行脆弱性存在显著相关性，而金融变量则无影响。袁德磊和赵定涛（2007）选取不良贷款率、全国贷款增长率、通货膨胀率和资本充足率四项指标衡量银行的脆弱性，实证检验表明近2年国有商业银行的脆弱性已降至历史最低点。通过Granger因果关系检验和协整分析发现，金融指标对国有商业银行脆弱性有线状联系，宏观经济指标和其也存在长期均衡关系。许长新，张桂霞（2007）运用加权法和信号法，选取银行体系总存款、银行体系对私人部门的贷款、金融系统国外净资产三项指标对1986—2003年我国银行体系脆弱性的年度变化情况进行了分析。杨德勇和方文恪（2009）运用动态因子分析方法，构建出了1986—2008年我国银行的脆弱性指数线，结果发现银行流动性风险和信用风险是导致我国银行体系脆弱性的主要原因。陈守东和杨东亮（2010）构建了2001—2009年我国银行体系脆弱性的月度指数，并对工业增加值增长率、居民消费价格指数和我国银行体系脆弱性的关系进行了Granger因果关系检验，同时通过建立马尔科夫区制转移向量自回归模型分析了宏观经济状况和宏观调控政策对银行体系脆弱性的影响机制。结果表明2009年以来我国银行体系脆弱性加深、风险增大。黄福龙（2006）用Granger检验法和回归分析法分析了资本流动对商业银行体系脆弱性的影响，结果表明资本流动是通过影响货币供应量、外汇储备以及汇率变动间接地对我国商业银行体系脆弱性产生影响。

关于脆弱性的测度方面，张宗益和项慧玲（2010）运用熵值法模型对我国商业银行脆弱性进行测度，分析表明2008年以后，和四大国有商业银行相比，我国八大股份制商业银行更为脆弱。陈建新，罗伟其和庞素琳（2011）运用可拓方法并借助物元的概念建立了银行体系脆弱性评价模型，对我国1999—2006年的银行体系脆弱性进行了测度。姚岚（2012）运用模糊综合评

价法与层次分析法，选取资本充足性、资产质量、营利性和流动性的指标，构建了我国商业银行体系脆弱性的测度指标体系，对银行脆弱性进行了测度。李凯（2012）采用因子分析法，选取了不良贷款率、资本充足率、储蓄增长率等10项指标对我国1986—2010年银行体系脆弱性进行了测度，研究发现虽然在此期间我国银行体系脆弱性情况有所波动，但总体比较脆弱。杨卫（2005）构建了对央行脆弱性进行预测的VAR模型，认为央行的VAR模型可以表示为汇率、国外利率、预期贬值率、政府借款、向政府贷款利率及国外借款波动性的函数，从而可以全面而清晰的对央行的脆弱性进行量化分析。刘飞宇，蒲勇健（2010）利用动态因子的分析方法构建了我国银行体系的脆弱性指数，并用1998—2007年间的数据将整个脆弱性指数区分成五个阶段，对此进行了实证检验。结果表明我国银行体系的脆弱性程度虽呈现出阶段性特征，但整体出现下降的趋势。南旭关（2006）利用突变理论对金融脆弱性进行分析和评价，运用突变理论归一共是量化递归来计算金融体系的脆弱性，构建出金融体系脆弱性综合评价突变模型对金融体系脆弱性程度进行判断。龚锋（2005）根据对银行业稳健经营的全新理解以及在此基础上设计出的评估指标与模型对我国四大国有商业银行进行评估，发现我国四大国有商业银行缺乏稳健，原因包括体制缺陷、信用缺失、资产配置不当等多个方面。万晓莉（2008）认为银行体系面临的主要风险是流动性风险、信用风险、市场风险和操作风险，并选取中央银行对金融机构的信贷、存款占货币总量的比例、国内贷款与储蓄存款的比率、真实信贷增长率及银行机构的真实外债增长率五项指标，用因子分析法将其合成为银行脆弱性综合指数，对1987—2006年我国银行体系脆弱性的季度变化情况进行了分析。

由于农业的基础性地位以及农业经济的特殊性，农村金融机构的脆弱性更为复杂。陈传波（2008）对农户可能遭受的各类风险及在贫困落后地区的特征进行了分析，并将农户的各类资源、收入、消费、福利以及相应的制度安排纳入到风险和脆弱性的分析框架中，利用此框架对108户农户进行了分析，结果表明：农户对风险和经济困难的认知存在很大局限性，农户风险呈现出多种风险交织的特征。沈冰和李笑玲（2006）从农村金融机构的经营特征、农村金融机构制度安排、农村金融机构的信用环境等方面分析了农村金融的脆弱性，并提出了相应的政策建议。张曼（2009）从金融生态的角度来探讨了新型农村银行业的脆弱性，村镇银行除了具有银行业高负债经营等内在脆弱性之外，外部金融生态环境的恶化也加剧了其脆弱性，主要体现为：农村经济发展落后，农户违约风险高，农业金融不健全，风险分散机制缺乏，农村劳动力文化教育程度低，以及政府干预的效率不高等方面。田永强，王凤芹（2006）归纳出农业政策性银行金融脆弱性的表现特征：软资产与硬负债的矛盾、不良贷款占比过高、自有资本严重不足、外部经营环境较差等，应从扩展资金来源渠道、补充资本金、降低不良贷款比率、完善利益补偿机制等方面来消除农业政策性金融的脆弱性。李小云和董强（2007）设计了农户生计资产量化研究方法，包括对脆弱性的测量指标、指标量化数值以及指标设定公式等的设计，对农户的脆弱性进行了量化分析。农户内部结构的不同使得脆弱性表现出差异性，导致农户脆弱性的直接原因是生计资产缺乏，尤其是多种资产缺乏型的农户最为脆弱。左停和刘燕丽（2007）认为脆弱性是当前贫困人口的基本特征，小额信贷机制却能对农户的脆弱性进行自动识别，能缓解农户的脆弱性。

1.2.3 文献评述

国外关于微型金融机构的研究，大部分集中于微型金融机构自身运营的绩效问题、微型金融机构社会功能的实践检验和对微型金融机构的风险管理等方面，而国内关于村镇银行的研究主要是关于村镇银行的发展目标定位、村镇银行的制度绩效、村镇银行的业务发展以及村镇银行的安全和风险问题等方面，很少有研究涉及脆弱性的管理。

在金融脆弱性的研究方面，早期的国外研究主要是从宏观机制方面分析金融脆弱性，而后则从微观机制的角度进行探讨，此后的学者基本沿袭着这两条分析脉络，对经典理论进行了扩展和补充，并从实证的角度进行了检验。

次贷危机发生后，有学者对金融脆弱性新的成因和表现形式等方面进行了研究，并对此进行了实证检验。而国内对金融脆弱性的研究比较晚，大部分是从金融脆弱性的特征、金融脆弱性的成因以及对脆弱性成因的实证检验等方面展开的研究，关注的主要是商业银行的脆弱性。在研究方法上，也主要是借鉴西方的研究模型，还没有比较成熟的理论。

目前，无论是国内还是国外，都缺乏对村镇银行脆弱性的研究。村镇银行作为金融体系的一部分，既有金融脆弱性的一般特征，又有其特殊的脆弱性生成机理。同时，由于数据收集的困难，关于村镇银行脆弱性测度和成因的实证研究非常缺乏，而这些都是探讨降低村镇银行脆弱性对策的基本前提。本书将在以往研究的基础上，借鉴其启示和研究方法，对上述提到的不足进行进一步分析。

1.3 村镇银行脆弱性的概念界定

从生态意义上说，脆弱性是指生态系统抗外界干扰能力低、自身稳定性差，在环境改变不大的条件下很难保持稳定的状态。金融脆弱性的概念产生于20世纪80年代初，最初的含义是指“金融不稳定性”的状态，有狭义和广义之分。广义的金融脆弱性是指一种趋于高风险的金融状态，泛指包括信贷融资和金融市场融资在内的一切融资领域中的风险积聚。而狭义的金融脆弱性是指金融业高负债经营的行业特点决定的更易失败的本性。I. P. 戴维斯（1980）认为金融脆弱性是指金融市场上出现冲击，导致信贷市场或资产市场上的价格和交易量发生未预测到的变化，给金融公司带来倒闭的危险，当危机蔓延到其他金融机构，就会损伤金融体系的支付机制和提供资本的能力。Minsky（1982）认为，金融业的高负债经营的特点决定了金融脆弱性是金融业的本性。黄金老（2001）认为，银行的高负债经营和不恰当的评估方法会导致银行体系的脆弱性，资产价格的波动性和波动的联动效应导致了金融市场的脆弱性。郑鸣（2007）将金融脆弱性分为金融机构脆弱性和金融市场脆弱性。金融机构的高负债经营、资产负债期限的不匹配、资金供需双方的信息不对称等是金融机构脆弱性的根源，金融市场脆弱性是指金融市场中一切风险的积聚和累积。耿同劲（2007）认为金融业自身的不稳健使其在抵御风险的能力方面具有较大的不确定性，容易被损害而表现出不稳定的状态。

高负债经营和期限错配是金融机构的典型特征，也是金融机构作为融资媒介赖以完成融资功能的基础，但这两种属性却导致了金融机构的经营风险。由于银行普遍存在的“软资产、硬负债”的特点、信贷资金在使用与偿还时间上的分离以及银行业典型的高负债经营的特征，使得银行更易受外界因素的干扰，对外界的冲击抵抗力不强。与一般银行相比，村镇银行普遍规模较小、信誉不高以及成立时间不长，使其更难抵御外界冲击。因此，本书定义的村镇银行的脆弱性是指其生存和可持续发展的能力表现，生存能力和可持续发展能力较弱，其脆弱性程度越高，反之亦然。这个概念主要包含四层含义：①流动性是村镇银行可持续发展的前提。资本不够充足、缺乏足够流动性的银行会比较脆弱，当遇到意外的冲击（如大的政策变动，资产结构的大幅调整，金融领域的开放或自然灾害）时，较容易导致经营失败。②营利性是村镇银行生存和可持续发展的物质基础。一般来说，在动态有竞争力的市场经济中，营利性和效率是联系在一起的，营利性不强、缺乏效率的银行将会亏损并最终倒闭。③提高资产质量是村镇银行生存和可持续发展的根本保障。④脆弱性是银行业的本性，是由其经营特征所决定。村镇银行作为银行体系的一部分，其脆弱性不能被消除，只能通过有效的制度安排加以缓解或治理。

1.4 研究思路、内容和方法

1.4.1 研究思路

本书的研究思路如下图所示。

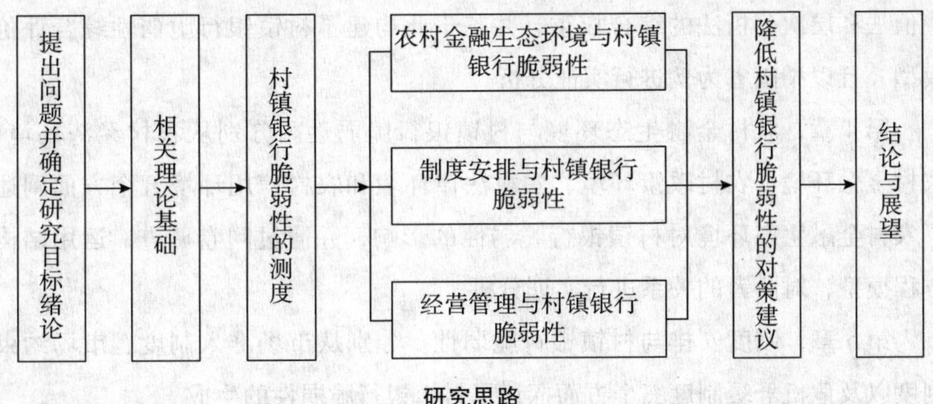

研究思路

1.4.2 研究内容

本书主要研究内容包括以下七方面：第一，介绍了研究背景意义，并对相关文献进行归纳。通过分析当前研究成果的局限性，确定本书的研究主题。第二，金融脆弱性的理论回顾，对与论文相关的主要关于金融脆弱性的理论回顾，奠定本书研究的理论基础，并对村镇银行脆弱性的诱因进行了分析。第三，运用模糊层次分析法对村镇银行脆弱性进行度量。第四，从农村金融生态环境的角度，运用结构方程模型，探讨村镇银行脆弱性的形成。第五，从制度安排的角度分析村镇银行脆弱性的形成。第六，从村镇银行自身经验管理的角度，运用博弈模型分析形成产生脆弱性的原因。第七，根据实证分析和理论分析的结果，提出降低村镇银行脆弱性的对策建议。

本书具体结构如下：

第 1 章，绪论。介绍了本书的研究背景和意义，对国内外相关文献进行了分析，在总结国内外相关研究的基础上提出对村镇银行的脆弱性进行分析的命题，并对相关概念进行界定。

第 2 章，相关理论基础。回顾了相关的主要脆弱性理论，奠定本书研究的理论基础，并分别从农村金融生态环境、制度安排以及经营管理的角度探讨了导致村镇银行脆弱性的原因。

第 3 章，村镇银行脆弱性的测度。兼顾主客观赋权法优点，确立了基于熵值法和层次分析法的综合权重，并基于此构建了村镇银行脆弱性综合评价模型，且以湖南省为例进行实证分析。

第 4 章，农村金融生态环境与村镇银行脆弱性。分别从农村经济环境、农村金融环境、农村政策环境、农村法律环境和农村信用环境五个方面阐述了农村金融生态环境对村镇银行脆弱性的影响，并通过问卷调查，运用结构方程模型，对两者的关系进行实证分析。

第 5 章，制度安排与村镇银行脆弱性。分别从市场准入制度、市场约束制度以及危机舒缓制度三个方面探讨了村镇银行脆弱性的生成。

第 6 章，经营管理与村镇银行脆弱性。从村镇银行经营管理的角度，分别从村镇银行吸储能力、信用增进、贷款定价、业务开展、风险管理的视角探讨了其脆弱性的生成。

第 7 章，降低村镇银行脆弱性的对策建议。应从改善农村金融生态环境、完善制度安排、提高经营管理能力三个方面来着手，降低村镇银行的脆弱性。

第 8 章，结论与展望。总结全书，提炼研究结论以及本书的创新点，并指出需进一步研究的问题。

1.4.3 研究方法

1. 宏观分析与微观分析相结合

本书将宏观先行指标和微观审慎指标相结合，对村镇银行脆弱性进行测度。在此基础上，分别从宏观环境、制度安排和微观运营的角度探讨了脆弱性的生成机理，从而使得研究结论及对策更具有现实性和针对性。

2. 定性分析和定量分析相结合

定性分析确定研究对象是否具有某种性质，因而本书将逻辑分析、制度分析、现实分析等方法有机渗透，综合分析了村镇银行脆弱性的形成，并结合我国实际情况，通过面板数据和调研数据，对提出的问题进行实证分析，将定性分析和定量分析有机结合。

3. **基于综合权重的综合评价模型**

结合客观赋权法（熵值法）和主观赋权法（层次分析法）的优点，构建了基于熵值法和层次分析法的综合权重，并基于综合权重构建新型农村金融脆弱性综合评价模型。

4. **结构方程模型**

结构方程模型（Structural Equation Modeling，SEM）是近几十年来应用统计领域中发展最为迅速的一个分支，是从微观个体出发探讨宏观规律的一种统计方法。本书在分析农村金融生态环境属性构成基础上，构建了农村金融生态环境与村镇银行脆弱性的关系模型，并在问卷调查基础上运用结构方程模型进行实证检验。

5. **博弈分析方法**

本书拟运用博弈模型，分析农村金融市场参与者（借款人、村镇银行、普通商业银行）之间的行为决策，并分别通过贝叶斯纳什均衡模型和期权博弈模型研究金融机构间的贷款竞价问题和最优贷款定价问题，探讨村镇银行脆弱性的微观生成原因。

2 相关理论基础

2.1 金融脆弱性相关理论

2.1.1 传统金融脆弱性理论

传统金融脆弱性理论主要是从信贷市场和金融体系的角度来探讨脆弱性的形成机制。

1. 古典假说

关于银行业脆弱性问题的研究最早可以追溯到马克思，马克思在《资本论》中提出了“银行体系内在脆弱性假说”，从经济危机的视角阐述了货币信用危机的发生过程。他认为，金融体系在私人资本转变为社会资本的进程中起着加速器的作用，在这个过程中金融资本家掠夺了产业资本家和商业资本家的资本，给金融体系本身带来危机。信用关系作为金融体系存在和运行的前提，绝不能脱离实体经济。然而，金融资本家追逐剩余价值的本性却使虚拟资本的运动越来越脱离实体经济，从而为资本主义世界中信用关系的崩溃以及经济危机的产生埋下了伏笔。金融危机成为资本主义内在矛盾的必然产物，具有内生性。

继马克思之后，1904 年美国经济学家凡勃伦提出“金融体系不稳定性”的假说。他认为，由于市场对企业的股价脱离企业的实际赢利能力，导致资本主义经济金融市场的周期性崩溃。同时，由于资本主义的发展导致的社会资本所有者的缺位，成为金融体系周期性动荡的动力。凡勃伦最早从制度的

角度探讨金融内在的不稳定性，早期制度学派对此问题的研究局限于社会信用制度方面，仅将其作为商业周期和经济危机理论的一部分，在研究的广度和深度上有很大的局限性。

费雪（Irving Fisher）发展了凡勃伦的假说，提出了“债务—通货紧缩”的理论。其提出金融体系的脆弱性与宏观经济周期紧密相关，尤其密切相关于债务的清偿，过度负债将引致债务—通货紧缩，给金融体系稳定发展造成不利影响。

2. 金融脆弱性假说

1982 年明斯基提出了“金融脆弱性假说”，最早对金融脆弱性进行全面系统解释，认为金融业高负债经营的行业特征决定了其脆弱性的本性。他在《金融体系内在脆弱性假说》中详细描述了经济危机的产生及发展过程，指出私人信用创造机构尤其是商业银行及关联贷款人的普遍内在属性，将导致经济的周期性危机；银行业的危机将通过资金链传递到经济体的各个部分，引发大规模的经济危机。

明斯基通过分析借款方的现金流情况及风险大小，将借款企业分为三类：抵补型企业（Hedge - financed Firm）、投机性企业（Speculative - financed Firm）和庞氏企业（Ponzi Firm）。

（1）抵补型企业。抵补型企业融资活动是基于未来现金流量的抵补性融资，也是最安全的借款方。其预期收入大于债务额，并且在每一时期，其预期的收入现金流也将大于到期的债务本息。

（2）投机性企业。投机性企业的预期收入在借款的前期小于到期债务的本金，但大于到期债务的利息，在借款的后期可以补偿到期本息以及前期所欠的本金，因此其预期的收入在总量上大于债务额，属于比较安全的借款企业。

（3）庞氏企业。庞氏企业的预期收入虽然在总量上大于债务额，但从第一期到倒数第二期，预期收入不仅小于到期债务的本金，还低于到期债务的利息，一直至最后一期，其预期收入才可以补偿前期的债务本息。由于庞氏企业在前期的经营过程中必须依靠不断的借新债还旧债，因此市场利率的提高很容易使这类型企业陷入经营困境，这类型的企业风险最大。

明斯基非常强调经济周期对金融脆弱性的影响，他认为经济周期的存在会诱导企业进行高负债经营。在经济周期初始阶段，绝大部分企业都是抵补型企业，整体风险不大。随着经济的快速发展，企业的预期收入上升，于是借款扩张，信贷量逐步攀升，将使投机性企业和庞氏企业也同时增加。当经济步入繁荣，市场有良好的宏观经济环境和宽松的信贷政策，信贷膨胀，很多的抵补型企业转化为庞氏企业，整个经济体系中后两类借款企业的比重逐步扩大，安全的抵补型企业所占比重越来越小，整个市场的风险上升，金融体系趋于脆弱。此时，任何打断信贷资金流入生产部门的事件都将引起违约和破产，企业违约率的上升会使金融机构信贷风险增大，流动性趋紧，为补充流动性，金融机构被迫抛售资产。当这种情况进一步恶化，市场上大量抛售资产的行为最终带来资产价格泡沫的破灭和金融危机的爆发。

那么，在经济周期周而复始的循环中，总是会不断地发生金融危机，银行家们为什么没有吸取经验教训呢？对此，明斯基从代际遗忘解释（Generation Ignorance Argument）和竞争压力解释（Rivalry Pressure Argument）两个方面进行了阐述。代际遗忘解释认为今天的贷款人总是容易忘记过去经历的痛苦，当经济重新步入繁荣时，人们的贪欲战胜了恐惧，价格的持续上涨使得人们形成此预期，带动资产价格的不断上涨和信贷的扩张。同时，由于从借款的初始日到最终的结账日有很长的时间，发放贷款的银行家们可能不需要为自己的行为承担直接的后果，银行家们的这种道德风险进一步缩短了代际遗忘的时间。竞争压力解释则认为贷款人在担心失去顾客和市场的压力下不得不做出许多不审慎的贷款决策。

自20世纪80年代以来，金融危机频频爆发，第一种解释已很难适用；第二种解释是基于银行家注重短期利益的假设，虽然具有一定的说服力，但这种理论解释也有诸多的局限性，因此，明斯基对金融脆弱性成因的解释是很难令人满意的（黄金老，2001）。

3. 安全边界说

沿着明斯基的方向，克瑞格（J. A. Kregel）从“安全边界”的角度探讨了银行脆弱性的生成。银行的安全边界是银行收取的风险报酬，也即利息承诺的收益保障。安全边界可以提供一种保护，以防不测事件的发生。借贷双方主要是通过仔细研究预期现金收入说明书和计划投资项目承诺书来确定安全边界。如果银行家不能对未来预期收入进行准确判断，而主要依靠借款人过去的信用记录以及其他银行的行为进行贷款，那就意味着银行采取了不恰当的方法对安全边界进行了估计，这种依据摩根规则（JP Morgan rule）进行放贷的行为会使安全边界不断扩大。同时，在经济繁荣阶段，乐观情绪蒙蔽了谨慎的银行家，银行贷款给低安全边界的项目进一步扩大了安全边界。当未来宏观经济环境或者政府政策发生的不利改变侵蚀了安全边界，金融的脆弱性将暴露。当安全边界降低到最低点时，经济的略微变化或者细小事件的出现，都会影响到企业的投资行为。当企业无法兑现固定现金收入流量的承诺时，不得不延期支付，或者另外贷款，或者推迟投资计划，随后将经历费雪的债务—紧缩过程，导致银行危机的出现。

金融脆弱性假说和安全边界说都是从银行信贷风险的角度来分析银行体系的脆弱性，而银行的信贷风险主要来源于经济的周期波动、企业的信贷风险以及银行对信贷审批的不审慎。

2.1.2 金融机构脆弱性理论

20 世纪 70 年代后信息经济学的发展奠定了金融脆弱性理论的微观基础。Stiglitz 和 Weiss（1981）研究了信息不对称导致的在信贷活动中经济主体出现的逆向选择和道德风险问题。他认为，金融机构的产生在一定程度上可以减少金融市场的信息不对称问题，但需要有两个前提：其一需要树立并稳固储户对金融机构的信心，这样才能防止挤兑事件的出现，使商业金融机构借短贷长的经营方式得以维系，并从中获得利润；其二金融机构对借款人的评估与监督成本低且效率高，这样金融机构的长期利润才能得以保证。但因市场上的信息不对称，使得这两个前提条件并不能总成立。

若第一个前提条件能成立，意味着储户对金融机构有足够的信心，也表示其提款将是随机发生的，利用大数法制，金融机构的资金来源将维持稳定。在此情况下，只需金融机构将资产持有至到期日，就能保证其收入的稳定性。金融机构借短贷长的经营模式本身具有内在的不稳定性。但如果外部冲击使得提款速度加快，金融机构的现金流将会趋紧，一旦储蓄者对金融机构产生怀疑而失去信心时，就会出现恐慌性的提款，金融机构最终会流动性枯竭，被迫清偿未到期资产，并蒙受损失。在这个过程中，信息不对称下投资者个体理性的选择却导致了集体理性的失效：每一个投资者都拥有一些私人信息且知道其他投资者也拥有私人信息，在信息不对称的情况下，模仿他人成为一种理性行为。因此，当外部冲击导致提款加速时，理性的投资人的明智选择就是加入到挤兑的行列，而这正是加剧金融脆弱性甚至发生金融危机的根源，出现信贷市场上的“囚徒困境”。在信息不完全的情况下，金融机构对借款方的评估与监督并无法保证高效率，即第二个条件并不总是成立。Stiglitz and Weiss 认为，金融机构必须能对投资项目的风险—收益进行缜密分析并合理预测，才能有效地对借款人进行筛选。可在信贷市场上，道德风险与逆向选择是必然存在的。第一，根据历史经验，易使金融机构陷入危机的是经济繁荣时所催生的丰厚收益，可一旦经济形势走低，问题项目就将出现，如地产、股市或者期货市场等，而这些问题项目是无法通过统计数理方法准预期的。第二，由于金融机构内部的委托—代理关系，金融机构管理者面临着收益和风险的不对等，这种机制上的弊端会使理性的管理者的行为总是倾向于做一些高收益高风险的信贷决策。因为对于一项风险贷款来说，管理者的投资决策一旦成功，将会获得极大奖励，而即使失败，最坏结果也只是暂时性地失去工作。第三，市场上存在各种风险偏好类型的企业，由于信息的不对称，银行很难对其进行区分，并针对不同风险项目制定不同的贷款利率，而只能制定平均利率，这会导致低风险企业退出信贷市场，使得借贷市场上整体风险水平提高，金融机构贷款质量下降。第四，金融机构对于贷款后的监

督也是不够的。与分散的储户相比，金融机构虽然在对借款人的监督方面有很大的优势，但并不能实现完全的监督。借款人在借款后可能改变资金的用途，或者隐瞒投资收益甚至谎称投资失利来拖延贷款。由于信息获取的成本原因，金融机构很难观察到借款人的这些行动信息，导致脆弱性的增加。

总之，金融市场上的信息不对称带来的逆向选择和道德风险，会使得金融机构面临更高的风险，导致金融脆弱性，甚至引发金融危机。

信息不对称是金融机构普遍存在的现象，但在村镇银行更为严重。由于村镇银行成立不久，尚没有品牌和公信力，同时中国农民的文化素质普遍不高，缺乏对金融产品和对金融机构的了解，使得村镇银行普遍存在吸存难的问题，增加了流动性风险。另外中国农户之间由于血缘、地域和传统等因素形成了紧密关系网，农户社区内部的信息趋于完全，当任何对村镇银行不利的消息传出时，信息会在农户社区内极快地传播，加快了风险信息的扩散。此时，个体储户最明智的选择就是立即加入挤兑的行列，增加挤兑风险。

2.1.3 金融制度与金融脆弱性

在金融制度学中，金融制度是有关金融相关交易、金融体系的组织安排、监督管理及其金融创新的社会上通行习惯及道德或法律法规等形成的制度集合，其主要由组织、市场和监管三个子系统构成。金融脆弱性是指金融制度或者体系的脆弱性，主要在组织、市场和监管三个子系统中表现。伍志文认为金融制度普遍存在自身的特点和缺陷，在内因和外因的共同作用下会引发金融脆弱性。

首先，金融制度主体的缺陷是造成脆弱性的根本原因。由于金融活动主题的有限理性，金融市场常会出现过度借贷、过度竞争和盲目恐慌；金融活动中因内部人控制而导致的逆向选择和道德风险问题；金融监管行为的不当和扭曲；金融货币当局的政策失误等，都会异化金融制度的功能，引致金融脆弱性。

其次，金融制度客体的缺陷是金融脆弱性的一个原因。金融合同的复杂性和不完全性是其制度客观缺陷的主要体现。由于金融产品尤其是衍生金融工具本身的不确定性，使其定价非常复杂。同时，金融产品的高度虚拟性使得金融资产价格波动频繁。这些都会使金融交易的不确定性增加，进而影响整个金融体系的稳定。

再次，制度的稳定和金融的创新之间的矛盾是脆弱性产生的总根源。金融制度体系是由复杂子系统所构成的有机总体，包括金融组织、金融市场和金融监管。金融机构和金融市场创新不断，但金融监管却相对滞后，子系统间这种发展的不平衡会导致整个体系内部调节失灵，金融脆弱性相伴而生。

最后，金融活动的外部性加剧了金融脆弱性。在金融市场中，当某个重要金融主体陷入困境或违约，会带来市场预期的改变从而引起恐慌，进而影响整个金融体系的稳定性。信贷市场的银行挤兑和股票市场的羊群效应的发生，都是金融活动的负外部性的体现。

村镇银行还处在发展初期，其自身制度的建立和相应的监管制度都有一个完善的过程，从制度方面来探讨村镇银行的脆弱性具有重要意义。

对上述理论进行阐述与分析是为本文研究村镇银行脆弱性奠定理论基础。

2.2 村镇银行脆弱性的诱因分析

作为定位于服务“三农”的金融机构，村镇银行从诞生之日起就不同于一般的商业银行。经营上的地域限制使村镇银行更多地会受到当地农村金融生态环境的影响；相关的制度安排的缺陷会影响其可持续发展的能力；微观经营管理方面存在的不足会削弱其抵御风险能力。本书从农村金融生态环境、制度安排以及经营管理三个方面对村镇银行脆弱性的成因进行分析。

2.2.1 农村金融生态环境不佳

农村金融生态环境是指与农村经济、金融发展相关联的所有因素及其他机构之间密切联系、相互作用形成的一种动态系统，是村镇银行赖以生存和

发展的环境基础。由于经营上的区域限制，与一般商业银行相比，村镇银行更多地受到当地农村金融生态环境的影响。目前我国农村金融生态环境存在诸多缺陷，给村镇银行的健康发展带来了极大的外部风险，增加了其运行过程的不确定性。

在农村金融生态环境系统中，经济基础是根本，好的经济基础可以为金融机构的稳健运行提供良好的平台。一般而言，经济发展状况良好的地区的居民整体储蓄能力和偿债能力会增强，当地的金融资产质量也会较好。我国是典型的二元结构经济，虽然近年来城乡居民收入差距在缩小，但根据国家统计局数据，2011 年我国农村居民人均纯收入为 17182 元，还远低于城镇居民人均收入水平，城镇居民人均可支配收入与农村居民人居可支配的收入的比率仍然高达 1.61，农村居民人均消费支出为 10174 元，远不及城镇人均消费支出水平。这种状况在短期内还难有很大改观，制约了村镇银行的未来发展空间。

农村金融市场的状况影响着村镇银行的交易规模、结构和效益，也是决定其可持续发展的重要因素。但目前我国农村金融环境不佳，农村金融市场呈现出高垄断性的特征，且其中非正规金融贷款占据了很大的市场份额。据估计我国农村金融市场上的民间资金达 8000 亿 ~ 14000 亿元。根据国际农业发展基金会 2001 年（International Fund for Agricultural Development, 2001）的研究报告，中国农民来自非正规金融市场的贷款大约为正规金融市场的 4 倍。根据李锐等人的调查数据显示：农户借款渠道单一，主要来源于民间信贷，农户借款有 72.8% 来自各种非正式渠道，这其中又以农户之间的借款为主，占比 93.2%；在正式渠道中，主要以从农村信用社贷款为主，占比 71.8%。在这种情况下，村镇银行如何拓展业务将是决定其生成和发展的重要因素。

政府行为也是农村金融生态环境的重要组成部分，农村政策环境的好坏关系着农村金融市场能否有效运行。根据中国人民银行调查显示，2001—2002 年我国形成的不良资产有 80% 来自计划和行政干预。村镇银行由于经营上的区域限制，相对一般金融机构而言，更易受地方政策的影响。地方政府出于政绩考虑，干预村镇银行的经营管理。这种本位化和短期化的行为使农村金融市场横向配置资源的功能被政府部门纵向分配资金所取代，增加了村镇银行的运营风险。

农村法律环境是农村金融市场安全运行的秩序保障。目前我国农村法律环境不佳，法律法规不够完善和健全；对执法的行政干预过多，“有法不依、执法不严”的现象较为严重；执法效率低下、司法执行难和执法周期长的问题很突出，这使得农村地区逃债行为屡有发生，金融债权得不到有效保护，从而使得村镇银行贷款面临更多的信用风险，增加其脆弱性。

农村社会信用环境是村镇银行安全稳定运行的信用保证。目前我国农村信用环境存在诸多缺陷：信用制度、信用市场和信用道德的缺失，整体信用意识不强；农村企业征信系统及信用评级制度尚未建立；缺乏信用评级中介等。这些因素无疑会增加村镇银行的信贷风险，影响其可持续发展能力。

2.2.2 制度安排不完善

在市场准入方面，为了规范村镇银行的发展，国家从发起人、持股比例和股东资格以及注册资本等方面对其进行了详细的规定。考虑到村镇银行的特殊性，其制度设计与普通商业银行相比存在差异。村镇银行对于发起人有特殊的安排。按照《暂行规定》的要求，村镇银行的发起人或出资人至少存在一家银行业金融机构，这表示非银行业内的企业法人或自然人不得单独成立村镇银行，将具有竞争实力的非银行类的金融机构排除在了制度安排之外，使得发起人的选择面过于狭窄，这不仅有碍农村金融市场上的公平竞争和择优录取的原则，也影响了村镇银行的后续融资和经营。在股权安排方面，村镇银行的股东设置与股东资格也被明确规范。村镇银行的股权设置要满足《中华人民共和国公司法》的相关规定；村镇银行的最大股东或者唯一股东必须为银行类金融机构，该股东的持股比例不可低于总股本的20%；单个自然人与关联方股东的持股比例不可高于总股本的10%；非银行单一金融机构及

其法人或关联方的持股比率不可超过总股本的10%；当单位或者个人持股欲超过总股本5%时，必须上报到银监局分局或该城市的银监局。村镇银行对各类股东持股比例的制度安排，容易出现股权的集中，形成“跷跷板”效应：当大股东干涉过多时，容易产生外部人控制的问题；当大股东监督不到位时，又容易出现内部人控制的情况。此外，为了鼓励村镇银行的发展，实行低门槛的注册资本的要求，这虽然有利于构建竞争性的农村金融市场，但过多的村镇银行的涌入会降低其自身的特许权价值，因而可能会导致银行在经营中采取更多冒险行为以赚取更高的利润，从而导致脆弱性。

市场约束制度是经济体良好运行的一个不可或缺的因素，是维护金融机构稳定运行的必要条件。严格的市场约束制度会通过提高对风险和收益不匹配的交易的融资成本来引导资金在风险权衡下进行最优配置。一直以来，我国农村金融市场的外部约束机制不健全：目前我国针对村镇银行的信息披露机并未公开，还仅限于银监局等监管部门要求的信息披露，且信息披露的范围和深度以及真实性、规范性等方面都与新《巴塞尔资本协议》的要求有一定距离；代理权竞争市场的缺乏使得外部的激励约束机制无法充分发挥作用，易导致经营管理的弊端而滋生脆弱性，而一旦出现问题，由于我国村镇银行不是上市银行，外部力量难以通过资本市场上的收购兼并实现对村镇银行的接管。事实上，对于中国目前的村镇银行来说，除了政府的行政命令，几乎没有被兼并收购的压力，因此，银行的股权转让这种外部的市场约束机制基本没有作用；此外对问题金融机构的处置没有遵循权利与责任对称、收益与风险对称的规则，这种示范效应激励村镇银行的管理者采取更为冒险的行动，带来道德风险。所有这些因素不利于村镇银行的稳定经营和健康发展。

此外，一直以来我国实行的是隐性存款保险制度和最后贷款人制度，由于没有明确的规定，在实施救助中带有随意性和模糊性，政府对大银行的偏爱和保护以及公众普遍存在的“大而不倒”的信念，使得小银行普遍面临公众信心不足的问题，存款从小银行流向大银行，使得小银行在竞争中处于不利地位，这一点对于村镇银行尤为突出。村镇银行自成立之初普遍规模就较小，且客户都是农村企业和农户，他们对信用风险尤为敏感。因此，虽然他们希望在村镇银行获得贷款，但存款时却倾向于大银行，这使得村镇银行的资金缺口加大，不利于其稳健经营。

2.2.3 经营管理能力有待提高

村镇银行作为农村地区的区域性小型经济组织，在经营对象、贷款区域、经营范围、经营管理等方面都有其特殊性，由于经营方面的好坏直接关系到村镇银行的健康持续发展，因此在经营过程中出现的问题是导致村镇银行脆弱性的重要因素。

按照银监局的规定，村镇银行几乎是全能银行，各种业务都可以开展，甚至当资金在满足县域内的“三农”需求后的富余部分，可以用来购买涉农债券和向其他金融机构提供融资。但一些现实的障碍限制了村镇银行业务的开展。由于没有“行号”，无法在人民银行开立清算账户和办理结算业务，不能参加同城票据的交换，无法进入银联，不能办理银行卡与转账汇兑的业务，各银行普遍开展的房屋贷款业务和基金理财等金融服务也无法开展。出现这种现象有多方面的原因：一方面，农村地区对新业务的金融需求很小，另一方面，村镇银行新业务的开展受到政策的限制。比如，虽然按照人民银行相关规定，符合条件的村镇银行可以加入央行的大小额支付系统和办理国内结算，但具体应该符合什么样的条件，人民银行并没有做出明确的规定。同时，村镇银行的规模较小，且营业网点不多；业务处理系统过于简单，不通畅的结算系统阻碍了信用卡、电子银行、通存通兑、及代收代付等其他业务的发展，难以承受一些如大额支付系统等需要大量资金的业务，无法满足客户的各种服务要求，这些都使村镇银行在竞争中处于明显的劣势。以资兴浦发村镇银行为例，该行目前只有一个营业网点，村民存取款都必须要到网点来，且由于没有加入银联，不能异地办理业务，储户一般都不愿意将钱存入该行。

在贷款对象方面，由于村镇银行定位于“服务三农”，资金只能用于“三农”领域，贷款对象主要为农村企业和农户，具有分散、小额、个性化的特点，交易数额小、频率高且地域分散，难以实现规模效应，赢利风险加大。同时，为了应付储户的经常性提现，村镇银行需保留较高的流动性的资产，增加了资金成本。在贷款管理过程中，村镇银行现有的担保抵押贷款仍以传统抵押方式为主，专为农村地区设计开发的很多信誉抵押方式却很少应用，这种不符合农村地区实际情况的贷款方式使其业务开展受困。此外，由于村镇银行网点少，基层网点开办成本高，增加了营销成本和业务成本，使其在与其他金融机构的竞争中处于劣势，容易使村镇银行的经营陷入一种恶性循环：网点少—存款少—资金有限—贷款实力有限—经营绩效差—开设新网点能力低。所有这些因素无疑都会削弱村镇银行的赢利能力。

从资金来源看，村镇银行除了依靠利润结转和增资扩股来补充资本金之外，储蓄存款是其主要的资金来源。但由于村镇银行成立时间较短，与国有商业银行、邮政储蓄以及农村信用社相比，农户对其了解不多，认可程度不高，限制了其吸储能力。此外，村镇银行一般设立在县域城市，储蓄存款来源有限。同时，由于网点较少以及适应当地需要的金融服务的缺乏，村镇银行对绝大多数农户来说缺乏吸引力。根据某试点地区村镇银行的调查显示：80%的村民担心村镇银行的资金安全而不愿将钱存入其中，相比之下，他们更愿意将钱存入国有商业银行或实力较强的农村信用社，10%的村民为了得到村镇银行的优惠贷款而将钱存入其中，只有10%的村民认同村镇银行且愿意将钱存入。目前，村镇银行的存款增长速度跟不上贷款的需求，贷款业务开展受限，许多村镇银行的存贷比接近甚至超过了75%的监管上限。截至2009年5月，安徽凤阳利民村镇银行的存款余额为9315万元，贷款余额为7729万元，贷存比高达83%，超过了《商业银行法》规定的75%的上限。

此外，村镇银行风险控制能力较弱和内部治理结构的不完善也给其稳定健康发展带来了隐患，增加了脆弱性。现有商业银行基本都是按照《巴塞尔协议》建立相应的风险控制机制，一般商业银行如若达到央行规定的风险防范要求，最少也需要10人以上的风控人员。但为了控制运营成本，村镇银行对员工人数进行了严格控制。一般村镇银行的员工人数为20多人，员工大部分白天做营销，下班后加班做资料，很多业务经理信贷工作经验和营销经验并不丰富。很多村镇银行甚至没有单独的风险管理部门，在风险管理流程和机制方面也存在诸多缺陷。

3 村镇银行脆弱性的测度

村镇银行脆弱性既有金融机构脆弱性的一般生成机制，也有其自己的独特性，因此对其脆弱性的测度不能照搬脆弱性测度的一般方法。村镇银行的脆弱性最终会反映在一些金融变量上，所以可以用一系列的指标来进行度量，而科学的综合指标的设计和选取一直都是研究的重点。本书借鉴了西方国家和国内专家学者在指标选取上的共同经验，结合我国的国情和村镇银行的特殊性，从村镇银行的微观功能出发，建立一套衡量其基本功能的量化指标，对我国村镇银行的脆弱性进行测度。

3.1 村镇银行脆弱性测度的指标体系设计

3.1.1 指标选取的原则与方法

指标体系是指为完成某一研究目的，由若干相互联系的指标构成的指标群。指标体系的建立需同时确定选择哪些指标以及指标之间的相互关系，即指标结构。指标的选择必须遵循一定的原则确保所构建的指标体系的合理性和完整性。村镇银行脆弱性是指其生存以及可持续发展的能力表现，生存和可持续发展能力越高，脆弱性程度越低，反之亦然。对村镇银行脆弱性测度实际上是对村镇银行脆弱性程度进行评判。合理的选择评判指标是构建村镇银行脆弱性测度模型的基础。

1. 指标选择的原则

指标的选取需遵循如下四个方面原则。

（1）全面性与客观性。全面性是指指标体系应充分反映村镇银行经营管理活动中所各种维系其生存和发展的各类内部要素。客观性是指评判指标客观反映运行活动的状况。

（2）真实性与有效性原则。稳定可靠的数据来源作为指标数值是选择指标的基本要求，并且该数据来源经权威部门审查核准无误。有效性是指最终所构建的指标评价体系须简单直观、具有可测性。

（3）灵活性与可比性原则。所选指标的分类、口径、计量方法相互统一，具有可比性，可以实现在不同时期同一机构以及不同机构同一时间进行纵向对比和横向对比。在确保可比性的前提下，尽可能照顾所有制形式和不同经营规模要求、灵活设计评价指标。

（4）科学性与实用性原则。村镇银行脆弱性的判定指标选取要科学揭示其微观运行影响，体现其实际意义，要求所设指标内涵明确，所需数据应与会计口径一致。

2. 指标选取的方法

指标体系所具备的内部结构和单个指标的代表意义是其构建过程所注重的关键点。代表性和全面性是处于对立的两个中心问题，在指标体系的构建时难以同时兼顾两个关键点。指标体系的全面性依赖指标的数目，指标数目越多其全面性越能得到保证，但是指标数目增加的同时，很容易造成指标体系中出现相关度较大的指标，指标间相关度越大，指标体系所选取指标的代表性就越弱。由于全面性和代表性在指标选取过程中难以同时保证，当前处理这一问题的方法主要为两种，两种方法是全面性和代表性侧重次序的不同而提出的，其具体操作为：

（1）满足全面性原则的基础上满足代表性。首先，参照村镇银行运营一般规律，将反映其运营状况的相关方面进行分类，将村镇银行的脆弱性具体表现分为若干个方面，然后将各个方面细化，选择可测指标作为其度量的候选指标。其次，在各分类的基础下对各指标之间进行相似度检验，提高指标体系的代表性。相似度检验一般方法为非参数 Kruskal - wallis 检

验。该方法在候选指标群中进行非参数 Kruskal－wallis 检验，将其划分为若干子类，子类中指标相似度较高，然后再从子类中选择最具有代表性的指标作为该子类的代表指标，剔除子类其他指标，最后将代表性最强的指标联合构成指标体系。

（2）满足代表性原则的基础上满足全面性。该方法与上一方法的处理过程在顺序上是相反的：首先，类似方法一，构建村镇银行脆弱性表现的候选指标群，按照特定办法从中选取最具有代表性的指标，将选出的候选指标构成候选指标体系中；其次，运用非参数 Kruskal－wallis 检验对剩余的候选指标与所选指标进行逐对检验，剔除与选出的指标不存在显著差异的候选指标，保留与所选指标差异显著的指标；再次，再从候选指标中选择代表性最强的指标，运用非参数 Kruskal－wallis 检验进行类似检验，直到候选指标群中指标选择完为止；最后，将保留下的指标组合成指标体系。

从方法的实施过程可以判断，方法一的计算量将明显小于后者，因此本节将采取方法一选择测度村镇银行脆弱性的指标。

3.1.2 候选指标的选取

本节指标选取方法为在全面的基础上兼顾代表性。村镇银行属于我国银行体系的主要组成部分，同样接受中国银监会对其的监管。1999 年中国银监会分别对各政策性银行、商业银行、城乡信用社和其他非银行机构出台了新的非现场监管指标体系。村镇银行脆弱性评判指标将参照该指标体系进行设计。当前对商业银行的非现场监管指标体系如表 3－1 所示。

表 3－1　中国银行监管总局对商业银行的非现场监管指标体系

指标类型	指标
资产质量指标	不良贷款率、次级贷款率、可疑贷款率、损失贷款率、单一客户贷款占比、前十大客户贷款占比、风险加权资产占比、境外资金运用比例、表外风险比率

续　表

指标类型	指标
收益合规指标	结构性比率、利息支出率、收入利润率、收入成本率、资本成本率、营业收入费用率、人均利润率、人均费用率、资产费用率、资本利润率、资产利润率、生息资产赢利率、利息回收率、贷款损失抵补率
资本充足性指标	核心资本长期债务率、风险资产准备金率、资本杠杆比率、股权性资本与债权资本比率、所有者权益与未分配利润比率、核心资本充足率、资本充足率
资产流动性指标	备付金比率、短期资产流动性比率、中长期贷款比率、对流动负债依存率、存贷款比率、拆入资金比率、拆除资金比率、外汇资产比率、应付利息充足率
市场风险指标	资产负债缺口率

从上述指标可以看出，各指标存在一个共同特征，即指标值为静态的相对值，忽视了其他描述村镇银行现状的动态指标，如存款增长率。部分动态的相对指标可以一定程度上反映村镇银行的生存和发展的能力变化。因此，我们度量村镇银行脆弱性指标体系中应包括相关动态指标。

我们将村镇银行脆弱性定义为其生存和发展的能力表现，该能力具体取决于资产风险水平和风险抵御能力，其中资产风险水平包括资产质量指标、资产流动性指标、市场风险等。村镇银行抵御风险的能力取决于其资本充足性和价值创造能力，价值创造能力主要通过收益性指标来衡量。根据该分类方法并考虑村镇银行对应指标数据存在性，选取候选指标如表 3－2 和表 3－3 所示。

表 3－2　　　　村镇银行脆弱性度量候选指标子类

方面	子类
风险水平	流动性、资产质量
风险抵御能力	价值创造能力、资本充足性

表 3-3　村镇银行脆弱性度量指标子类对应候选指标

子类	指标
流动性	备付金比率、中长期贷款比率、对流动负债依存率、存贷款比率
资产质量	不良贷款率、最大一户客户贷款占比、前十大客户贷款占比、呆滞呆账贷款比例、呆账贷款抵补率、逾期贷款比例
价值创造能力	收入利润率、收入成本率、资本成本率、营业费用率、人均利润率、人均费用率、资产费用率、资本利润率、资产利润率、生息资产赢利率
资本充足性	核心资本充足率、资本充足率、杠杆率

注：杠杆率定义参照 2011 年银监会《商业银行杠杆率管理办法》，为净资产除以总资产的比例。

3.1.3 指标体系的设计

在所选的候选指标的基础，对各子类中指标群进行非参数 Kruskai - walls 检验，检验指标之间是否存在显著性差异，将差异无显著的指标分成一组，然后在每组指标中通过计算 Spearman 秩相关系数筛选出具有代表性最强的一个指标。本节数据来自湖南省各村镇银行。

1. 流动性子类指标选取

将流动性子类指标备付金比率、中长期贷款比率、对流动负债依存率、存贷款比率分别记为 A_1、A_2、A_3、A_4。对流动性子类中指标进行相互差异检验，检验结果见表 3-4。

表 3-4　流动性子类指标差异性非参数 Kruskai - walls 检验 *p* 值

	A_1	A_2	A_3	A_4
A_1		0.0312	0.0147	0.0229
A_2			0.0471	0.0306
A_3				0.0103
A_4				

从表 3-4 可知，在 5% 的显著水平下，拒绝原假设，流动性子类指标备

付金比率、中长期贷款比率、对流动负债依存率、存贷款比率相互之间存在显著的差异性，因此6个指标均可全面代表村镇银行流动性。

2. 资产质量子类指标选取

资产质量子类候选指标包括不良贷款率、最大一户借款客户贷款占比、前十大客户贷款占比、呆滞呆账贷款比例、呆账贷款抵补率、逾期贷款比例，分别记为B_1、B_2、…、B_6。指标间差异性检验结果如表3－5所示。

表3－5　资产质量子类指标差异性非参数 Kruskai－walls 检验 p 值

	B_1	B_2	B_3	B_4	B_5	B_6
B_1		0.0109	0.0083	0.0000	0.0017	0.0418
B_2			0.0951	0.0115	0.0274	0.0104
B_3				0.0000	0.0324	0.0000
B_4					0.0005	0.0041
B_5						0.0029
B_6						

在5%的显著水平下，仅B_2、B_3之间的差异不显著，其他指标两两间存在显著差异，因此可将该子类指标分为三组，不良贷款率、风险加权资产占有比均单独成为一组，B_2、B_3作为一组，前两组由于只有一个指标，故选择其作为代表。第三组中含有两个指标，可以通过计算两个指标同不良贷款率、风险加权资产占有比两个其他指标的复相关系数，根据极大不相关，复相关系数越大的指标越能被其余指标替代，故选择复相关系数较小的指标来反映该组的信息。通过计算B_2、B_3对应的复相关系数分别为0.34、0.41，从而选择最大一户客户贷款占比作为改组指标代表。因此，流动性指标选取不良贷款率、风险加权资产占有比、最大一户客户贷款占比、呆滞呆账贷款比例、呆账贷款抵补率、逾期贷款比例。

3. 价值创造能力

衡量价值创造力的指标有收入利润率、收入成本率、资本成本率、营业

费用率、人均利润率、人均费用率、资产费用率、资本利润率、资产利润率、生息资产赢利率、利息回收率，分别记为 C_1、C_2、…、C_{11}。指标间差异性检验结果如表 3－6 所示。

表 3－6　价值创造能力子类候选指标差异性非参数 Kruskai－walls 检验 p 值

	C_2	C_3	C_4	C_5	C_6	C_7	C_8	C_9	C_{10}	C_{11}
C_1	0.0592	0.0277	0.0025	0.0620	0.0003	0.0062	0.0671	0.0021	0.0091	0.0000
C_2		0.0402	0.0019	0.0608	0.0411	0.0208	0.0805	0.0007	0.0394	0.0057
C_3			0.0302	0.0102	0.0610	0.2107	0.0009	0.0021	0.0007	0.0004
C_4				0.0317	0.0216	0.0132	0.0011	0.0074	0.0000	0.0271
C_5					0.0128	0.0009	0.0577	0.0063	0.0452	0.0094
C_6						0.0591	0.0000	0.0062	0.0001	0.0033
C_7							0.0060	0.0014	0.0034	0.0000
C_8								0.0455	0.0083	0.0021
C_9									0.0907	0.0000
C_{10}										0.0000

从表 3－6 可以看出价值能力子类候选指标中，在 5% 的显著水平下 C_1、C_2、C_5、C_8 之间不存在显著差异，将该三个指标分为一组，然后分别计算三个指标与子类中其他候选指标的 Spearman 秩相关系数的平方和，选择最大值对应的指标作为改组指标的代表，收入利润率、收入成本率、资本成本率与其他候选指标 Spearman 秩相关系数的平方和分别为 0.491、0.407、0.125 和 0.618，从而选择资本利润作为改组代表指标。5% 的显著水平下 C_3、C_6、C_7 之间不存在显著差异，同上方法计算资本成本、营业收入费用率、人均费用率、资产费用率与子类其他指标之间的 Spearman 秩相关系数的平方和分别为 0.131、0.327、0.214 和 0.373，从而选择人均费用率作为改组代表指标。另外，5% 显著水平下 C_9、C_{10} 之间不存在显著性差异，其对应的复相关系数分别为 0.401、0.520，从而选择资产利润率（C_9）作为改组代表。从表 3－6 可知，其他指标单独成组，因此价值创造能力子类指标可选资产费用率、资产

利润率、资本利润、利息回收率、营业费用率。

4. 资本充足性

度量资本充足性子类候选指标有核心资本充足率、资本充足率、杠杆率，分别记为D_1、D_2、D_3。指标间差异性检验结果如表3－7所示。

表3－7　资产质量子类指标差异性非参数 Kruskai－walls 检验 p 值

	D_1	D_2	D_3
D_1		0.0009	0.0003
D_2			0.0221
D_3			

从表3－7可知，在5%的显著水平下，拒绝原假设，资本充足性子类候选指标有核心资本充足率、资本充足率、风险资产准备金、拨备覆盖率、核心资本长期债务率相互之间存在显著的差异性，因此，5个指标均可全面代表村镇银行流动性。

基于上述分类以及检验结果构建村镇银行脆弱性评判指标体系，如下图所示。

3.2　村镇银行脆弱性测度模型的构建

本书对村镇银行脆弱性测度方法主要思路是建立一系列各指标评判标准以及合理的权重确定方法，基于上节所构建的指标评价体系对村镇银行进行脆弱性程度度量。

3.2.1　脆弱性测度的指标处理

从村镇银行脆弱性指标体系可知，该评价体系由21个定量指标构成。本节将村镇银行脆弱性程度分为四个等级：安全、正常、关注、危险。首先，按照一般商业银行的标准，设定各定量指标映射不同等级的临界值。其次，根

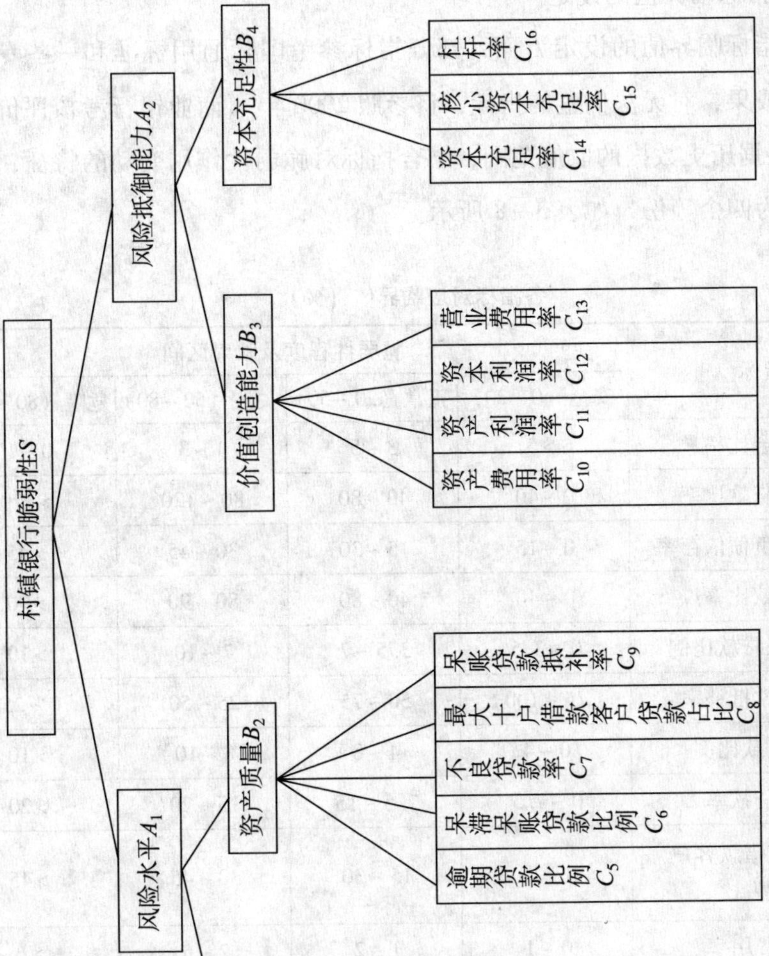

- 村镇银行脆弱性S
  - 风险水平A_1
    - 流动性B_1
      - 备付金比率C_1
      - 中长期贷款比率C_2
      - 对流动负债依存率C_3
      - 存贷款比率C_4
    - 资产质量B_2
      - 逾期贷款比例C_5
      - 呆滞呆账贷款比例C_6
      - 不良贷款率C_7
      - 最大十户借款客户贷款占比C_8
      - 呆账贷款抵补率C_9
  - 风险抵御能力A_2
    - 价值创造能力B_3
      - 资产费用率C_{10}
      - 资产利润率C_{11}
      - 资本利润率C_{12}
      - 营业费用率C_{13}
    - 资本充足性B_4
      - 资本充足率C_{14}
      - 核心资本充足率C_{15}
      - 杠杆率C_{16}

村镇银行脆弱性评判指标体系

据设定的临界值，估算各指标对应脆弱性程度的分值。

1. 各指标临界值的设定

在各指标临界值的设定方面，部分指标参考国际通用标准和一些专家学者的研究成果，对无法借鉴的指标，将参照2000年《商业银行考核评价暂行办法》，根据历史数据的取值范围，结合指标对脆弱性作用变动的特征，将取值范围分为四个等份，如表3-8所示。

表3-8　各指标对应临界值（%）

指标	脆弱性程度及映射区间			
	安全（0~20）	正常（20~50）	关注（50~80）	危险（80~100）
备付金比率	>5	3~5	1~3	0~1
中长期贷款比率	0~40	40~80	80~120	>120
对流动性负债依存率	0~15	15~30	30~45	>45
存贷款比率	0~40	40~80	80~90	>90
呆滞呆账贷款比例	0~3.5	3.5~7	7~10	>10
呆账贷款抵补率	75~100	50~75	25~50	0~25
逾期贷款比例	0~4	4~8	8~10	>10
不良贷款率	0~7.5	7.5~15	15~20	>20
最大十户借款客户贷款占比	0~15	15~30	30~45	>45
资产费用率	0~1	1~2	2~6	>6
资产利润率	>3	0.5~3	0 ~0.5	<0
资本利润率	>8	5~8	5~3	3~0
营业费率	0~14	14~16	16~18	>18
资本充足率	>10	8~10	4~8	0~4
核心资本充足率	>8	4~8	2~4	0~2
杠杆率	>8	4~8	2~4	0~2

注：杠杆率定义和参照标准来自2011年《商业银行杠杆率管理办法》。

2. **各指标分值的确定**

为对村镇银行脆弱性进行综合评分判断，需按照上述临界值将各指标映射到脆弱性程度区间，并按照指标作用特征，给出各指标对应的分值。因此，指标对村镇银行脆弱性的作用特征决定了映射方式，其具体作用方式一般可分为收益型和成本型，前者表示指标数值的额增加将导致脆弱性程度的增加，后者表示指标数值的增加将减少脆弱性程度。

对于收益型指标对应分值可按照下列公式确定：

$$S = p_i + \frac{x - a_i}{b_i - a_i}(q_i - p_i) \tag{3-1}$$

其中，S——指标映射的分值；

$[a_i,\ b_i]$ ——指标值 x 所处的临界值区间；

$[p_i,\ q_i]$ ——指标临界值区间对应的脆弱性程度等级所处的分数区间。

对于成本型指标对应分值可按照下列公式确定：

$$S = p_i + \frac{b_i - x}{b_i - a_i}(q_i - p_i) \tag{3-2}$$

其中，S——指标映射的分值；

$[a_i,\ b_i]$ ——指标值 x 所处的临界值区间；

$[p_i,\ q_i]$ ——指标临界值区间对应的脆弱性程度等级所处的分数区间。

按照各指标对村镇银行脆弱性程度的作用，将指标体系按照成本型和收益型指标进行分类。成本型指标为中长期贷款比率、对流动性负债依存率、存贷款比率、拆入资金比率、拆除资金比率、呆滞呆账贷款比率、逾期贷款比率、不良贷款率、最大一户借款客户贷款占比、资产费用率。收益型指标为备付金比率、呆账贷款抵补率、资产利润率、资本利润率、利息回收率、资本充足率、核心资本充足率。

3.2.2 基于熵值法和层次分析法的综合权重确定

为计算出各村镇银行的脆弱性评分，需对指标体系中各指标赋予合理的权重，即判断各指标对脆弱性程度的重要程度。通常综合评判方法中所采用的方法有层次分析法、权值因子判断表法等主观赋权法；熵值法、加权平方和法等客观赋权法。主观赋权法确定指标权重依赖于专家的主观经验判断，灵活性较强，误差发生的可能性较大，受主观性影响较大。客观赋权法主要是依赖于数学方法，从数据中提取信息量，确定个指标权重，优点在于不受主观性因素的影响，但是数学方法难以揭示评价的真正经济内涵。为综合两者的优点，将熵值法与层次分析法相结合，建立综合权重。

1. 熵值法确定指标权重

熵值法是一种根据各项指标观测值所能提供的信息量对指标权重进行确定，信息量的大小取决于指标在各对象之间的差异程度，差异程度越大，赋予的权重越高，具体实施步骤如下：

首先，建立模糊关系评价矩阵。设 n 为待评村镇银行数量，每个村镇银行所有评价指标值可用向量记为 $x_i=(x_{i,1},\ x_{i,2},\ \cdots,\ x_{i,17})$。为消除量纲对信息量度量的影响，需对各指标值进行归一化处理。将归一化指标向量依然记为 $y_i=(y_{i,1},\ y_{i,2},\ \cdots,\ y_{i,17})$。令 $l_{ij}=y_{ij}+1$，算得 $L=(l_{ij})_{n\times m}$。

其次，计算 j 项指标下，第 i 个村镇银行的特征比重

$$h_{ij}=l_{ij}/(\sum_{i=1}^{n}l_{ij}) \tag{3-3}$$

再次，计算 j 项指标的熵值

$$E_j=-k\sum_{i=1}^{n}h_{ij}\ln(h_{ij}) \tag{3-4}$$

其中 $k>0$，$E_j>0$。如果 y_{ij} 对于给定的 j 全部相等时，$h_{ij}=1/n$，$E_j=-k\ln(n)$。

最后，确定权重。记 $T=1-E_j$，

$$w_j=\frac{1}{n-\sum_{j=1}^{m}E_j}T_j=\frac{T_j}{\sum_{j=1}^{m}T_j} \tag{3-5}$$

$$W_{shang}=(w_1,w_2,\cdots,w_{17}) \tag{3-6}$$

2. 层次分析法确定主观权重

层次分析法是确定主观权重的经典方法，其操作是基于完善的指标体系而进行的。对于指标体系中同一层次下的不同指标，依照不同指标之间的重要性程度建立起判断矩阵，矩阵中第 i 行第 j 列的数值代表第 i 个指标与第 j 个指标对构建上一层指标的重要性程度之比（一般为 9 种尺度），如在有 n 个指标的情形下，判断矩阵为：

$$A = \begin{bmatrix} w_{11} & \cdots & w_{1n} \\ \vdots & \ddots & \vdots \\ w_{n1} & \cdots & w_{nn} \end{bmatrix} \tag{3-7}$$

其中 w_{ij} 代表第 i 个指标与第 j 个指标对构建上一层指标的重要性程度之比。毫无疑问的是，本书将采用最大特征根法确定权重，$\boldsymbol{A}$ 的最大特征根的归一化后的特征向量（记为 $\boldsymbol{\lambda}$）作为权重向量 $\boldsymbol{w}$，即满足：

$$\boldsymbol{A}\boldsymbol{w} = \boldsymbol{\lambda}\boldsymbol{w} \tag{3-8}$$

其中特征向量计算为：

任取初始向量 $\boldsymbol{w}^{(0)}$，$k=0$，设置精度 ε，然后计算 $\tilde{\boldsymbol{w}}^{(k+1)} = \boldsymbol{A}\boldsymbol{w}^{(k)}$，其后进行归一化处理

$$\boldsymbol{w}^{(k+1)} = \tilde{\boldsymbol{w}}^{(k+1)} / \sum_{i=1}^{n} \tilde{\boldsymbol{w}}_i^{(k+1)} \tag{3-9}$$

如果满足 $\max_i |\boldsymbol{w}_i^{(k+1)} - \boldsymbol{w}_i^{(k)}| < \varepsilon$，则停止运算，否则继续迭代，由此得到特征向量

$$\boldsymbol{\lambda} = \frac{1}{n} \sum_{i=1}^{n} \frac{\tilde{\boldsymbol{w}}_i^{(k+1)}}{\boldsymbol{w}_i^{(k)}} \tag{3-10}$$

最大特征根方法所选取的权重向量不一定满足权重向量的要求，因而需要对其进行检验。根据线性代数相关定理，判断 $\boldsymbol{A}$ 是否为一致阵的标准为 n 阶正反矩阵 $\boldsymbol{A}$ 的最大特征根 $\boldsymbol{\lambda} > n$，而当 $\boldsymbol{\lambda} = n$ 时，$\boldsymbol{A}$ 是一致阵。基于该定理，结合 a_{ij} 连续决定 $\boldsymbol{\lambda}$ 的事实，$\boldsymbol{\lambda} - n$ 越大，$\boldsymbol{A}$ 的不一致程度越严重。构建基于 $\boldsymbol{\lambda} - n$ 大小的矩阵不一致程度的度量指标，定义该一致性指标为：

$$CI = \frac{\boldsymbol{\lambda} - n}{n - 1} \tag{3-11}$$

在给定上述一致性指标的基础上，需设定判断一致性与否的临界值，确定矩阵 $\boldsymbol{A}$ 对不一致程度的接受范围。基于式（3－11），随机一致性指标 RI 被学者 Saaty 等人引入作为判断矩阵一致性与否的新指标：随机一致性指标 RI 的数值如表 3－9 所示：

表 3－9　随机一致性指标 *RI* 的数值

n	1	2	3	4	5	6	7	8	9	10	11
RI	0	0	0.58	0.90	1.12	1.24	1.32	1.41	1.45	1.49	1.51

将指标 CI 与指标 RI 的比值定义为一致性比率 CR，若

$$CR = \frac{CI}{RI} < 0.1 \tag{3-12}$$

矩阵通过一致性检验，其对应的最大特征根的特征向量可以作为权重向量，否则要重新判断构建判断矩阵直到通过一致性检验。

若考虑三个层次的决策问题，记第 2、3 层对第 1、2 层的权向量分别为：

$$\boldsymbol{w}^{(2)} = (\boldsymbol{w}_1^{(2)}, \cdots, \boldsymbol{w}_n^{(2)})^T$$

$$\boldsymbol{w}_k^{(3)} = (\boldsymbol{w}_{k1}^{(3)}, \cdots, \boldsymbol{w}_{kn}^{(3)})^T, k = 1, 2, \cdots, n$$

以 $\boldsymbol{w}_k^{(3)}$ 为列向量，构成矩阵：

$$\boldsymbol{W}^{(3)} = [\boldsymbol{w}_1^{(3)}, \cdots, \boldsymbol{w}_n^{(3)}]$$

则第三层对最上层的组合权向量为：

$$\boldsymbol{w}^{(3)} = \boldsymbol{W}^{(3)} \boldsymbol{w}^{(2)} \tag{3-13}$$

村镇银行脆弱性指标体系分为四个层次的决策问题，为确定各层次指标值对上一层次指标的作用大小，首先需确定各指标对上层指标的相对重要性，即判断矩阵。记二级指标对脆弱性的判断矩阵为 U_{S-A}，记三级指标对于二级指标 A_1，A_2 的判断矩阵分别为 U_{A_1-B}，U_{A_2-B}，记四级指标对三级指标 B_1，B_2，B_3，B_4 的判断矩阵分别为 U_{B_1-C}，U_{B_2-C}，U_{B_3-C}，U_{B_4-C}。通过电话访谈，获得专家对指标的判断矩阵如下所示。

$$U_{S-A}=\begin{bmatrix}1 & 2\\ \frac{1}{2} & 1\end{bmatrix},U_{A1-B}=\begin{bmatrix}1 & 5\\ \frac{1}{5} & 1\end{bmatrix},U_{A2-B}=\begin{bmatrix}1 & \frac{1}{3}\\ 3 & 1\end{bmatrix}$$

$$U_{B_1-C}=\begin{bmatrix}1 & 2 & 2 & 3\\ \frac{1}{2} & 1 & \frac{1}{2} & 2\\ \frac{1}{2} & 2 & 1 & 2\\ \frac{1}{3} & \frac{1}{2} & \frac{1}{3} & 1\end{bmatrix},U_{B_2-C}=\begin{bmatrix}1 & 2 & \frac{1}{7} & 3 & \frac{1}{3}\\ \frac{1}{2} & 1 & \frac{1}{7} & 3 & \frac{1}{2}\\ 7 & 7 & 1 & 7 & 5\\ \frac{1}{3} & \frac{1}{3} & \frac{1}{7} & 1 & \frac{1}{2}\\ 3 & 2 & \frac{1}{5} & 2 & 1\end{bmatrix},$$

$$U_{B_2-C}=\begin{bmatrix}1 & \frac{1}{2} & \frac{1}{2} & \frac{1}{3}\\ 2 & 1 & 2 & \frac{1}{3}\\ 2 & \frac{1}{2} & 1 & \frac{1}{2}\\ 3 & 3 & 2 & 1\end{bmatrix},U_{B_4-C}=\begin{bmatrix}1 & 2 & 5\\ \frac{1}{2} & 1 & 3\\ \frac{1}{5} & \frac{1}{3} & 1\end{bmatrix}$$

可以求得上述判断矩阵对应最大特征值及其特征向量：

$\lambda_{S-A}=2$，$w_{S-A}=$（0.667，0.333），$CI_{S-A}=0$，U_{S-A}完全一致；

$\lambda_{A_1-B}=2$，$w_{A_1-B}=$（0.833，0.167），$CI_{A_1-B}=0$，U_{A_1-B}完全一致；

$\lambda_{A_2-B}=2$，$w_{A_2-B}=$（0.25，0.75），$CI_{A_2-B}=0$，U_{A_2-B}完全一致；

$\lambda_{B_1-C}=4.275$，$w_{B_1-C}=$（0.336，0.197，0.208，0.259）

$RC_{B_1-C}=0.076<0.1$，通过一致性检验。

$\lambda_{B_2-C}=5.094$，$w_{B_2-C}=$（0.117，0.074，0.488，0.067，0.254）

$RC_{B_2-C}=0.021<0.1$，通过一致性检验。

$\lambda_{B_3-C}=4.109$，$w_{B_3-C}=$（0.106，0.162，0.149，0.583）

$RC_{B_3-C}=0.04<0.1$，通过一致性检验。

$\lambda_{B_4-C}=3.104$，$w_{B_4-C}=$（0.567，0.349，0.184），$CI_{B_4-C}=0.0897<0.1$，

U_{B_4-C}完全一致。

$$W_C = \begin{bmatrix} w_{B_1-C} & 0 & 0 & 0 \\ 0 & w_{B_2-C} & 0 & 0 \\ 0 & 0 & w_{B_3-C} & 0 \\ 0 & 0 & 0 & w_{B_4-C} \end{bmatrix}_{4\times16}$$

$$W_B = \begin{bmatrix} w_{A_1-B} & 0 \\ 0 & w_{A_2-B} \end{bmatrix}_{2\times4}$$

则

$$\begin{aligned} W_{ceng} &= w_{S-A} \times W_B \times W_C \\ &= (0.188, 0.173, 0.119, 0.076, 0.013, 0.008, \\ &\quad 0.054, 0.007, 0.028, 0.009, 0.013, 0.012, 0.049, 0.115, \\ &\quad 0.083, 0.051) \end{aligned}$$

3. 综合权重的确定

由于熵值法赋权法和层次分析法分别具有客观和灵活性优点，本节将综合考虑两者优点建立客观赋权法与主观赋权法相结合的综合权重。令 $0\leqslant\eta\leqslant 1$，则综合权重由下式确定：

$$W = \eta W_{shang} + (1-\eta) W_{ceng} \tag{3-14}$$

其中 η 表示评判者对客观赋权法和主观赋权法的偏好程度，η 越大，表明评判者对客观赋权法的信任度越高，反之既然。当 $\eta=0$ 时，综合权重即为层次分析法所确定权重；当 $\eta=1$ 时，综合权重为熵值法所确定权重。

3.2.3 村镇银行脆弱性综合评判模型

对村镇银行脆弱性进行评判，本质上是对村镇银行生存和可持续发展的能力进行评估和判定。本书将村镇银行脆弱性程度分为四个级别：安全、正常、关注、危险，分别赋予分值范围为 0 ~ 20、20 ~ 50、50 ~ 80、80 ~ 100。在村镇银行脆弱性评价指标体系的基础上，按照各指标对脆弱性程度的相关

性正负特征，并参照银监会对普通商业银行指标监控要求，确定各指标临界值，将其分为四个等级，并与脆弱性程度安全、正常、关注、危险一一对应。按照临界值标准，制定个指标评分函数［公式（3－1）和公式（3－2）］。然后结合所确定的权重，计算各村镇银行的综合评分，若综合评分低于50，将表示脆弱性程度较低，反之，脆弱性程度较高。

记由公式（3－1）和公式（3－2）确定的各机构对应各指标分值为 $F_j^{(i)}(j=1, 2, \cdots, 16)$，

$$F^{(i)} = (F_1^{(i)}, F_2^{(i)}, \cdots, F_{17}^{(i)})$$

记村镇银行脆弱性评判总分值为 $Q_\eta^{(i)}$，则

$$Q_\eta^{(i)} = F^{(i)} \times W = F^{(i)} \times (\eta W_{shang} + (1-\eta) W_{ceng}) \quad (3-15)$$

为防止权重向量的偏差导致结论出现偏差，分别取 $\eta=0, 0.5, 1$。

$$n^{(i)} = I(Q_0^{(i)} > 50) + I(Q_{0.5}^{(i)} > 50) + I(Q_1^{(i)} > 50) \quad (3-16)$$

其中 I（□）为示性函数。

若 $n^{(i)} \geqslant 2$，则称村镇银行 i 脆弱性程度高或者是脆弱性显著，反之则称其脆弱性较低或者是稳健的。

3.3 村镇银行脆弱性测度的实证分析——以湖南省为例

3.3.1 湖南省村镇银行情况介绍

运用上述所构建的村镇银行脆弱性测度模型，分析当前村镇银行的脆弱性程度，深入探讨其生存和可持续发展的能力。本书以湖南省村镇银行2011年年末数据为研究对象，对其脆弱性进行实证分析。当前湖南省拥有的村镇银行主要是以村镇银行为主，到2011年6月为止，已发展为9家村镇银行，分别是湖南湘西长行村镇银行、湘乡市村镇银行、桃江村镇银行、资兴浦发村镇银行、宜章长行村镇银行、韶山光大村镇银行、祁阳村镇银行、汨罗国开村镇银行、湖南平江汇丰村镇银行，数据来源于湖南省银监会。

湖南湘西长行村镇银行于2010年12月16日正式开业，该行由长沙银行发起，注册资本金为2亿元，民间资本投资额占49%。该行设立后，将为辖区内的8个县（市、区）提供专职的农村金融服务。以服务小型涉农企业为主，并在中长期内逐渐向农户、个体工商户、特色农产品种养殖户进行倾斜的经营方针。

湘乡市村镇银行于2008年3月26日挂牌营业，湘潭市商业银行为该行的主要发起人，并连同红图投资集团有限公司、湖南万隆房地产置业有限公司等14家机构出资，注册资本为4900万元，其中湘潭市商业银行提供的资本占52.04%。是我省批准成立的第一家新型村镇银行，也是全国为数不多的由当地城市商业银行控股的村镇银行。

桃江村镇银行成立于2008年12月9日，是建设银行（控股51%）发起设立的首家村镇银行，注册资金5000万元，建设银行占比51%。现有员工23人，营业网点一个，其开业后独立开展农业存、贷、汇等业务，为当地广大的农村人口提供金融服务。直到目前，该行与当地的建设银行分支机构形成资源共享、优势互补的良性发展局面，有效提升了县域农村金融服务效应。

资兴浦发村镇银行是由上海浦东发展银行等7家法人企业发起、经中国银行业监督管理委员会批准于2009年11月7日正式营业的具有独立法人资格的股份制商业银行。注册资金5000万元，以服务资兴“三农”和中小企业、社区建设为宗旨。

宜章长行村镇银行由长沙银行发起和控股成立，注册资金5000万元（其中长沙银行出资51%，非金融机构出资49%），于2010年12月30日正式开业。主要为宜章县域农民、农业、农村经济发展提供金融服务，解决当地金融机构覆盖率低、金融供给不足、竞争不充分、金融服务缺位等“金融抑制”问题。

韶山光大村镇银行是由中国光大银行发起成立，注册资金5000万元，其中光大银行出资3500万元，占股70%。在业务发展上，坚持四个定位，即服务“三农”、服务中小企业、服务红色旅游经济、服务县域经济。

祁阳村镇银行成立于2008年12月19日，是由长沙银行作为主发起人并

绝对控股的湖南省第三家村镇银行，其注册资本金为5000万元，其中长沙银行持股占比51%。该行率先推出了种养殖贷款、农家喜事顺贷款、农户安居贷款、农村助学贷款等诸多新贷款品种以满足农户务农与生活的多重需要。

汨罗国开村镇银行成立于2011年4月，注册资金为1亿元，由国家开发银行作为主发起人组建的具有独立法人资格的股份制商业银行。汨罗国开村镇银行以“专注民生、构建和谐、支持三农、服务县域”为经营理念，在业务开展上紧密结合当地情况，进行业务模式和金融产品的创新。

湖南平江汇丰村镇银行成立于2010年12月30日，是首家进入湖南农村市场的外资银行。注册资本为1000万元，目前拥有18名员工，将为当地农业企业和农户提供存贷款等全面的服务，通过“企业+农户”的价值链融资模式为当地农户提供贷款，加强与农业专业合作组织的联系合作，为其会员农户提供贷款支持等。该行还推出了个人无抵押小额贷款产品——“贷得乐”，直接为当地农户和个体工商户提供无抵押小额贷款，以进一步满足平江农村地区的融资需求。

3.3.2 实证分析

1. 指标数据的分数处理

参照表3-10，根据公式（3-1）、公式（3-2）计算9家村镇银行各项指标数值对应的标准化分值，见表3-10。出于对各机构数据保密目的，将用θ_1，θ_2，…，θ_9随机表示9家村镇银行。

表3-10　　　　各村镇银行脆性评判指标标准化分值

	θ_1	θ_2	θ_3	θ_4	θ_5	θ_6	θ_7	θ_8	θ_9
C_1	49	43	41	46	45	24	31	48	42
C_2	45	53	50	52	72	39	27	51	32
C_3	57	51	45	49	37	58	43	57	73
C_4	54	49	48	59	18	65	48	49	44
C_5	55	44	57	41	37	67	42	47	26

续 表

	θ_1	θ_2	θ_3	θ_4	θ_5	θ_6	θ_7	θ_8	θ_9
C_6	70	48	47	46	33	46	37	61	37
C_7	47	59	50	53	43	64	18	47	45
C_8	49	59	49	57	63	57	29	52	41
C_9	38	53	64	42	54	61	52	33	35
C_{10}	56	51	61	20	33	36	69	61	21
C_{11}	66	46	53	73	29	41	64	55	45
C_{12}	50	52	49	57	61	45	40	49	40
C_{13}	64	55	52	66	32	37	53	44	51
C_{14}	47	48	27	33	30	41	25	43	27
C_{15}	49	48	45	42	47	45	37	48	30
C_{16}	48	48	50	51	46	47	45	44	47

2. 综合权重的计算

首先，根据样本数据按照熵值法赋权法，确定客观权重。样本数据归一化处理后得 $(y_{ij})_{9\times16}$，记为 $\boldsymbol{G}$。

$$
\boldsymbol{Y}=\begin{pmatrix}
1.000 & 0.968 & 0.108 & 0.331 & 0.865 & 0.000 & 0.616 & 0.573 & 0.218\\
0.511 & 0.751 & 1.000 & 0.641 & 0.972 & 0.237 & 0.877 & 0.614 & 0.347\\
0.914 & 0.000 & 0.536 & 0.117 & 0.625 & 0.388 & 0.819 & 1.000 & 0.601\\
0.651 & 0.000 & 0.612 & 0.925 & 0.412 & 0.553 & 0.371 & 0.218 & 1.000\\
0.561 & 0.421 & 0.649 & 0.821 & 0.000 & 0.276 & 0.413 & 1.000 & 0.541\\
0.812 & 0.000 & 0.516 & 0.762 & 0.417 & 0.623 & 0.518 & 1.000 & 0.319\\
0.914 & 0.000 & 0.673 & 0.412 & 0.314 & 0.669 & 1.000 & 0.291 & 0.814\\
0.637 & 0.615 & 0.000 & 0.824 & 0.677 & 1.000 & 0.752 & 1.000 & 0.518\\
0.913 & 0.000 & 0.661 & 0.719 & 0.418 & 1.000 & 0.499 & 0.607 & 0.532\\
0.854 & 0.509 & 0.692 & 0.712 & 0.000 & 0.518 & 0.472 & 1.000 & 0.612\\
0.913 & 0.413 & 0.537 & 0.394 & 0.000 & 0.636 & 0.739 & 1.000 & 0.631\\
0.902 & 0.000 & 0.608 & 0.773 & 0.597 & 0.635 & 1.000 & 0.511 & 0.793\\
0.514 & 0.000 & 0.755 & 0.931 & 0.628 & 1.000 & 0.625 & 0.310 & 0.417\\
0.384 & 0.612 & 0.000 & 0.818 & 0.953 & 0.207 & 0.388 & 1.000 & 0.743\\
0.699 & 0.437 & 0.000 & 0.976 & 0.419 & 0.533 & 0.774 & 1.000 & 0.699\\
0.514 & 0.514 & 0.619 & 1.000 & 0.215 & 0.147 & 0.229 & 0.000 & 0.147
\end{pmatrix}^{\mathrm{T}}
$$

按照 $l_{ij}=y_{ij}+1$ 计算 $\boldsymbol{L}$。

$$\boldsymbol{L}=\begin{pmatrix}2.000 & 1.968 & 1.108 & 1.331 & 1.865 & 1.000 & 1.616 & 1.573 & 1.218\\ 1.511 & 1.751 & 2.000 & 1.641 & 1.972 & 1.237 & 1.877 & 1.614 & 1.347\\ 1.914 & 1.000 & 1.536 & 1.117 & 1.625 & 1.388 & 1.819 & 2.000 & 1.601\\ 1.651 & 1.000 & 1.612 & 1.925 & 1.412 & 1.553 & 1.371 & 1.218 & 2.000\\ 1.561 & 1.421 & 1.649 & 1.821 & 1.000 & 1.276 & 1.413 & 2.000 & 1.541\\ 1.812 & 1.000 & 1.516 & 1.762 & 1.417 & 1.623 & 1.518 & 2.000 & 1.319\\ 1.914 & 1.000 & 1.673 & 1.412 & 0.314 & 1.669 & 2.000 & 1.291 & 1.814\\ 1.637 & 1.615 & 1.000 & 1.824 & 1.677 & 1.541 & 1.752 & 2.000 & 1.518\\ 1.913 & 1.000 & 1.661 & 1.719 & 1.418 & 2.000 & 1.499 & 1.607 & 1.532\\ 1.854 & 1.509 & 1.692 & 1.712 & 1.000 & 1.518 & 1.472 & 2.000 & 1.612\\ 1.913 & 1.413 & 1.537 & 1.394 & 1.000 & 1.636 & 1.739 & 2.000 & 2.631\\ 1.902 & 1.000 & 1.608 & 1.773 & 1.597 & 1.635 & 2.000 & 1.511 & 1.793\\ 1.514 & 1.000 & 1.755 & 1.931 & 1.628 & 2.000 & 1.625 & 1.310 & 1.417\\ 1.384 & 1.612 & 1.000 & 1.818 & 1.953 & 1.207 & 1.388 & 2.000 & 1.743\\ 1.699 & 1.437 & 1.000 & 1.976 & 1.419 & 1.533 & 1.774 & 2.000 & 1.699\\ 1.514 & 1.514 & 1.619 & 2.000 & 1.215 & 1.147 & 1.229 & 1.000 & 1.147\end{pmatrix}^{T}$$

按照公式（3－3）、公式（3－5）、公式（3－5）、公式（3－6），取 $k=-\frac{1}{\ln 16}$，得熵值法权重

$$W_{shang}=(0.197,0.106,0.113,0.085,0.038,0.096,0.015,0.031,\\ 0.012,0.017,0.023,0.017,0.054,0.102,0.070,0.024)$$

采用村镇银行脆弱性综合评判模型计算 9 家村镇银行的综合评分（见表 3－11）。

表 3－11　　各村镇银行脆性程度综合评分

	η			n
	0	0.5	1	
θ_1	51.398	52.620	53.841	3
θ_2	50.272	50.240	50.209	3

续 表

	η			n
	0	0.5	1	
θ_3	52.599	52.010	51.421	3
θ_4	47.761	48.348	48.934	0
θ_5	49.305	50.053	51.801	2
θ_6	43.922	44.059	44.195	0
θ_7	36.183	37.341	38.499	0
θ_8	49.432	50.185	50.937	2
θ_9	51.794	51.601	51.407	3

从表3-11可以看出，综合主观赋权、客观赋权、综合赋权三种权重下评分结果表明9家村镇银行中，6家村镇银行的脆弱性程度高，综合评分高于50，处于“关注”级，而其他村镇银行虽然脆弱性程度处于“正常”级，但是其分值大都处于40~50，这进一步表明村镇银行存在脆弱性程度偏高的特征。另外从 n 的结果看出，n 的方差较小，表明本章所构建的村镇银行脆弱性综合评判模型具有较好的稳健性。湖南省村镇银行的脆弱性程度在正常范围内偏高的特征，反映了当前村镇银行生存和可持续发展能力相对较弱。

3.4 本章小结

本章在结合全面性和代表性的原则下，运用非参数 Kruskai - walls 检验和 Spearman 秩相关系数分别对指标间差异化检验和度量指标代表性程度，选择相对全面和具有代表性的村镇银行脆弱性评判指标体系。在所设计的村镇银行脆弱性评判体系下，构建了兼顾主客观赋权法优点的基于熵值法和层次分析法的综合权重，并基于综合权重构建了村镇银行脆弱性综合评价模型。采用所设计的村镇银行脆弱性综合评判模型，以我国湖南省村镇银行为研究对象，对村镇银行脆弱性进行实证分析。结果表明村镇银行脆弱性程度偏高，反映了当前村镇银行生存和可持续发展能力相对较弱。

4 农村金融生态环境与村镇银行脆弱性

农村金融生态环境是村镇银行赖以生存和发展的环境基础，良性发展和动态平衡的农村金融生态系统是提高农村资源使用效率和化解村镇银行风险的关键所在。

目前我国农村金融生态环境存在诸多缺陷，给村镇银行的健康发展带来了极大的外部风险，增加了其运行过程的不确定性。由于维护村镇银行的稳定已成为关系到今后中国农村经济能否持续健康发展的重要因素，因此在国家大力发展村镇银行的背景下，正确认识农村金融生态环境与村镇银行的脆弱性问题已是十分必要。

基于此，本书对农村金融生态环境进行了深入研究，具体分析农村金融生态环境各构成子系统以及各子系统属性对村镇银行脆弱性的影响机理，并通过问卷调查和结构方程模型对农村金融生态环境与村镇银行脆弱性的关系进行实证分析。

4.1 农村金融生态环境对村镇银行脆弱性的影响机理及关系假设

农村金融生态环境是指与农村经济、金融发展相关联的所有因素及其他机构之间密切联系、相互作用形成的一种动态系统，众多学者对农村金融生态环境的构成因素进行了分析。本文参考李杨（2005）、常相全等（2008）关于金融生态环境评价因素的分析，并结合农村金融生态环境的现实，将农村金融生态环境分为经济环境、金融环境、政策环境、法律环境和信用环境五个子系统，并在此基础上探讨农村金融生态环境对村镇银行脆弱性的影响机理。

4.1.1 农村经济环境与村镇银行的脆弱性

好的经济环境为金融机构的稳健运行提供了良好的平台。诸多研究表明，经济环境的失衡是影响金融机构脆弱性的因素之一。Marek Dabrowski（2004）在对欧洲金融体系的脆弱性进行分析时发现，经济状况的失衡是引发金融脆弱性的最大风险。R. Suetorsak（2006）在研究亚洲各国的宏观经济环境对银行风险的影响时发现，银行决策受制于宏观经济状况，宏观经济状况和政府政策相互影响并作用于银行部门的微观变量，增加了银行风险。同样地，农村经济环境是村镇银行生存的基础，农村经济发展水平、农村经济市场化程度以及农村经济可持续发展能力都会影响村镇银行的微观运行。农村经济发展水平影响农户和农村企业的资金需求和信贷决策，一般而言，经济发展状况良好的情况下，当地 GDP 增长较快，农民的人均纯收入会增加，农村居民消费水平上升，整体的偿债能力会增强，当地的金融资产质量也会较好；农村经济的市场化程度影响着农村经济资源的配置，市场化程度越高，资金的利用效率也更高；农村经济可持续发展能力影响着地区经济未来的发展情况，决定着村镇银行的未来发展空间。

基于以上分析，本书提出以下研究假设：

H1：农村经济环境的优化有利于改善村镇银行的脆弱性；

H1a：农村经济发展水平的提高有利于改善村镇银行的脆弱性；

H1b：农村经济市场化程度的提高有利于改善村镇银行的脆弱性；

H1c：农村经济可持续发展能力的增强有利于改善村镇银行的脆弱性。

4.1.2 农村金融环境与村镇银行的脆弱性

农村金融环境关系着村镇银行的健康成长。但目前我国农村金融环境不

佳，农村金融基础较差、信贷资产质量低下、农村金融市场结构的不合理等方面是我国农村金融环境恶化的主要体现（田力，2004）。此外，农村金融效率反映了农村地区储蓄向投资的转化程度（吴庆田，2010），也是影响农村金融环境好坏的重要因素。基于此，本书从农村金融发展水平、农村金融市场结构、农村金融运行状况和农村金融效率四个方面构建农村金融环境体系。农村金融发展水平影响着村镇银行的交易规模、结构和效益，与村镇银行的生存和发展密切相关；农村金融市场结构包括农村金融市场的规范程度、农村金融机构的竞争程度、农村金融组织创新以及农村信贷风险保障机制四个方面，是农村金融环境的重要部分；农村金融运行状况主要指涉农贷款的增长率、农业贷款占全部贷款的比重、金融机构赢利状况等方面，对于村镇银行来说，资产的安全和收益是其信贷决策的根本，良好的农村金融运行状况为村镇银行创造了好的业务环境，能降低运营过程中的风险；农村金融效率反映的是农村金融参与主体供给和需求差异的满足程度和结构上的匹配性，金融效率高意味着农村金融资源得到有效配置，有利于降低交易成本，改善村镇银行的脆弱性。

基于以上分析，本书提出以下研究假设：

H2：农村金融环境的优化有利于改善村镇银行的脆弱性；

H2a：农村金融发展水平的提高有利于改善村镇银行的脆弱性；

H2b：农村金融市场结构有利于改善村镇银行的脆弱性；

H2c：良好的农村金融运行状况有利于改善村镇银行的脆弱性；

H2d：农村金融效率的提高有利于改善村镇银行的脆弱性。

4.1.3 农村政策环境与村镇银行的脆弱性

政府行为是农村金融生态环境的重要方面，农村政策环境的好坏关系着农村金融市场能否有效运行。中国人民银行对2001—2002年我国不良资产形成的历史原因进行了调查，结果发现80%的不良贷款来自于计划和行政干预、政策、地方政府干预等因素。Jacob Yaron（1997）认为，政府的过度干预是导致农村金融市场不能有效运行的重要因素。根据温涛，王煜宇（2005）对重庆的研究表明，纸面数据上财政支农资金的增加不仅无助于农业经济的增长与农民收入水平的提高，相反还起到了抑制作用。村镇银行由于经营上的区域限制，相对一般金融机构而言，更易受地方政策的影响，农村基层各级地方政府的行为对村镇银行的运行起着特殊作用。一方面，很多时候地方政府具有本位化和短期化特征，为了本地区的经济或社会利益而干预村镇银行的经营管理。同时，出于政绩的考虑而搞“形象工程”，违背经济规律上项目、办企业，并要求村镇银行给予信贷支持。这种行为使农村金融市场横向配置资源的功能往往被政府部门纵向分配资金所取代，导致村镇银行的风险增大；另一方面，当地政府为了扶持农村经济的发展，出于培育更多的金融资源的考虑而给予村镇银行一些政策优惠，以帮助村镇银行健康发展。基于此，本书从地方政府行为的规范和地方政府给予村镇银行相关的政策扶持方面构建农村政策环境体系。当地方政府的引导、控制能够与村镇银行的发展需求有机衔接时，就会给村镇银行的发展创造良好的政策环境，促进其良性健康发展。

基于以上分析，本书提出以下研究假设：

H3：政策环境的优化有利于改善村镇银行的脆弱性；

H3a：地方政府行为的规范有利于改善村镇银行的脆弱性；

H3b：地方政府的相关扶持政策有利于改善村镇银行的脆弱性。

4.1.4 农村法律环境与村镇银行的脆弱性

法律环境是农村金融生态环境的重要组成部分，是金融市场安全运行的秩序保障。Gonzalez Vega（2005）认为不健全的法律是产生效率缺口的深层次原因。此外，法制环境中的法律执行效率和法律执行的公正性也都对农村金融生态环境有重要影响（周小川，2004；徐诺金，2005）。我国目前农村法律环境不佳，表现在：法律法规不够完善和健全；对执法的行政干预过多，“有法不依、执法不严”的现象较为严重；执法效率低下、司法执行难和执法

周期长的问题很突出，这使得农村地区逃债行为屡有发生，金融债权得不到有效保护，从而使得村镇银行贷款面临更多的信用风险，增加其脆弱性。

基于此，本书从农村法律制度建设、农村法律执行效率和农村法律执行公正性三个层次构建农村法律环境体系。法律制度是保证市场经济健康正常发展的最基本的制度环境，健全的法律制度能约束各经济主体在金融法制的框架内合法开展金融活动，为村镇银行的运行提供秩序保障。法律执行的效率包括了金融案件执行率、执行周期以及金融案件执行的费用，这决定着金融债权是否能及时得到有效维护。法律执行的公正性意味着执法过程中独立性，是否存在“政府主导”的现象，同时也受执法人员素质的影响。法律执行的效率和公正性能够有效遏制恶意信用欺诈和逃避金融债务行为的发生。

基于以上分析，本书提出以下研究假设：

H4：农村法律环境的优化有利于改善村镇银行的脆弱性；

H4a：农村法制建设有利于改善村镇银行的脆弱性；

H4b：农村法律执行的效率有利于改善村镇银行的脆弱性；

H4c：农村法律执行的公正性有利于改善村镇银行的脆弱性。

4.1.5 农村信用环境与村镇银行的脆弱性

农村社会信用环境是村镇银行安全稳定运行的信用保证，它的建立和完善是改善农村金融生态环境，规避农村信贷风险，打造诚信农村的重要举措，同时也是商业银行基于现代经营理念扩大对“三农”主体信贷支持的重要条件。目前我国信用缺失突出表现为信用制度缺失、信用市场的缺失和信用道德的缺失（陈勇阳，2010）。卢凯国（2010）通过对襄樊市1999—2009年的企业信用信息和2002—2009年的信用环境、金融生态环境统计数据进行相关分析，得出结论：征信制度、企业征信系统及信用评级制度的建立对企业信用环境的改善产生了深刻影响。罗航（2011）认为，信用评级中介行业的发展有利于金融市场的良性发展，但同时需要建立相应的失信惩戒机制。此外，整体社会信用意识的培育也非常重要（王敏，2006）。

基于此，本书从农村社会诚信教育体系建设、农村社会信用中介的培育、农村社会信用数据技术支撑体系的建立和农村社会失信惩戒机制四个层建立农村信用环境体系。农村社会诚信教育为根本，通过强化市场主体信用观念和信用意识，形成诚实守信的信用道德为和正确的价值判断标准，从思想的高度防范失信行为的发生，从而提高村镇银行贷款的偿付率；农村信用中介机构在防范金融风险和促进信用交易方面具有重要作用，可以减少村镇银行贷款的征信成本，畅通信贷投放渠道，提高货币政策的传导效果；完备的农村信用数据支撑体系是建立农村社会信用体系的重要基础设施，同时，通过将农户信用档案和信用评分结果有机嵌入农村金融机构信贷审批、风险控制、产品营销等各个环节，建立奖惩分明的农村社会失信惩戒机制，可以提高信贷管理效率。

基于以上分析，本书提出以下研究假设：

H5：农村信用环境的优化有利于改善村镇银行的脆弱性；

H5a：农村社会诚信教育有利于改善村镇银行的脆弱性；

H5b：农村信用中介机构有利于改善村镇银行的脆弱性；

H5c：农村信用数据支撑体系有利于改善村镇银行的脆弱性；

H5d：农村社会失信惩戒机制有利于改善村镇银行的脆弱性。

4.2 概念模型

4.2.1 结构方程模型

结构方程模型（Structural Equation Modeling，SEM），是近几十年来应用统计领域中发展最为迅速的一个分支，是从微观个体出发探讨宏观规律的一种统计方法，其在经济、管理、教育等社会科学领域有着广泛的应用。通过过滤误差及个体差异，结构方程模型主要考察变量间的直接作用与间接作用，找出变量间存在的内在的结构关系或对存在的某种结构关系进行验证。

在结构方程模型中，按变量的可直接测量与否，将变量分为显变量（Manifest Variable，MV）与潜变量（Latent Variable，LV）。潜变量是指无法直接观察并测量的变量，需要通过设计若干指标间接加以测量；显变量是指可直接测量的变量。另外，根据变量间的因果关系，还可以把变量分为外生变量（Exogenous Variable）和内生变量（Endogenous Variable）。外生变量即自变量，是指那些在模型或系统中，只起解释变量作用的变量，它的取值由外界因素决定；内生变量即因变量，是指在模型或系统中，受模型或系统中其他变量包括外生变量和内生变量影响的变量。

模型中变量间的关系可用路径图直观地显示，或者用结构方程（Structural Equations）进行表示，这两种表示方法是等价的。

结构方程模型包括两个部分，即测量方程（Measurement Equation）和结构方程（Structural Equation）。测量方程反映的是潜变和可测变量之间的关系，若潜变量被视做因子，则测量模型反映的就是指标与因子之间的关系，故被称为因子模型。结构方程反映的是潜变量之间的因果关系，亦称潜变量模型或因果模型。综合而言，结构方程模型是反映潜变量之间关系的因果模型与反映指标与潜变量之间关系的因子模型的结合。模型的基本形式如下所示：

测量方程：

$$x = \tau x + \Lambda x \xi + \delta$$

$$y = \tau y + \Lambda y \eta + \varepsilon$$

结构方程：

$$\eta = \alpha + B\eta + \Gamma\xi + \zeta$$

其中，η——内生潜变量；

ξ——外源潜变量；

B——内生潜变量之间的关系；

Γ——外源潜变量对内生潜变量的影响；

ζ——结构方程的残差项，即 η 在方程中未能被解释的部分。

结构方程模型的假设为：

（1）测量模型的误差项 δ、ε 和结构模型的残差项 ζ 均为零均值向量；

（2）误差项 δ 与 ξ、ε 与 η 不相关；

（3）δ 与 ε 无关，δi 与 δj 无关、εr 与 εs 无关（$i \neq j$；$ij=1, \cdots, q$；$r \neq s$；$r, s=1, \cdots, p$）；

（4）ζ 与 δ 和 ε 不相关；

（5）ζ 与 η、ξ 无关。

4.2.2 模型构造

基于以上分析，在对农村金融生态环境各个构成情况进行分析的基础上，检验农村金融生态环境对村镇银行脆弱性的影响，如图4－1所示。

4.2.3 变量设置

本书所涉及的变量包括农村经济环境、农村金融环境、农村政策环境、农村法制环境以及农村信用环境等要素。由于这些变量大多难以直接量化，对于一些可以量化的指标，由于可能会涉及调查对象的商业机密而得不到真实有效的信息，所以，本书采用李克特（Likert）5分制量表的形式进行打分处理，数字1～5依次表示完全不认同向完全认同过渡，3为中性标准，即不能确定。为了使指标便于进行统计操作，本书在基于对这些概念界定的大量的相关研究基础上，参考了专家的意见，结合实地调研的信息，设计了系列问题，以便对各变量进行测度。

4.2.3.1 农村金融生态环境的指标测度

1. 农村经济环境指标测度

农村经济环境用农村经济发展水平、农村经济市场化程度和农村经济可持续发展能力三个部分共计15个指标进行测度，具体包括：①经济发展势头良好；②农民人均收入水平提高；③农民消费水平提高；④农村基础设施完善；⑤主要农产品价格稳定；⑥有涉农龙头企业；⑦形成农业种植和加工的

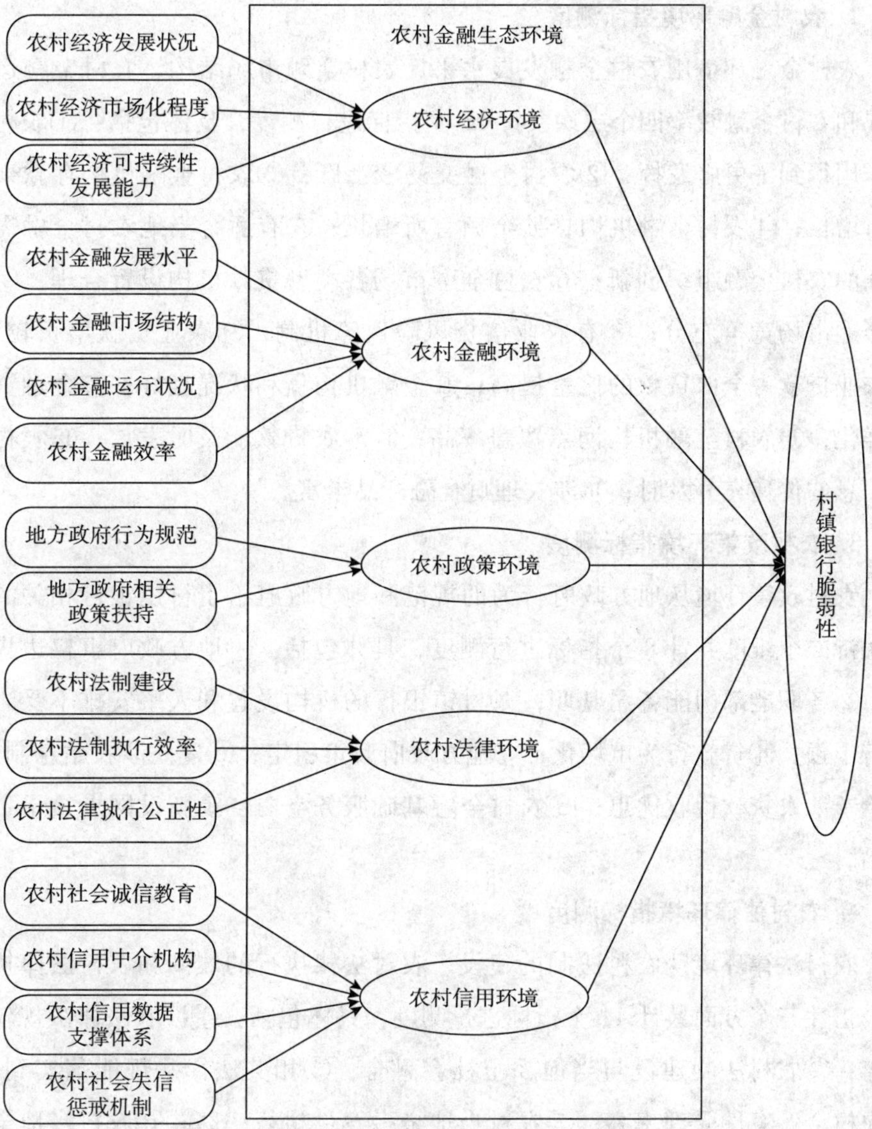

图 4－1　农村金融生态环境与村镇银行关系的概念模型

产业链；⑧有较好的工业基础；⑨农村市场运行规范有序；⑩加强培育科技型农业；⑪当地农产品有竞争优势；⑫注重对教育的投入；⑬注重对农村生态环境的保护；⑭积极开展农业生产技术培育；⑮积极开展农民务工技能培训。

2. **农村金融环境指标测度**

农村金融环境用农村金融发展水平、农村金融市场结构、农村金融运行状况和农村金融效率四个层次共计16个指标进行测度，具体包括：①农村金融作用得到了更好发挥；②农村金融交易较活跃；③农村金融机构存款余额有所增长；④农村金融机构贷款余额有所增长；⑤有适合当地农村金融需求特征的农村金融组织创新；⑥农村金融市场各类型贷款机构设置合理；⑦农村金融市场竞争充分；⑧有农业信贷风险保障机制；⑨农业贷款增长较快；⑩农业贷款占全部贷款的比重提高；⑪金融机构赢利状况良好；⑫金融资产多样化；⑬农村金融机构网点覆盖率高；⑭涉农贷款能及时发放；⑮农村金融信息的传递充分及时；⑯涉农理财金融产品丰富。

3. **农村政策环境指标测度**

农村政策环境从地方政府行为的规范和地方政府给予村镇银行相关的政策扶持二个维度共计8个指标进行测度，具体包括：①地方政府事权边界清晰；②各职能部门能各司其职；③村镇银行的机构设置和人事安排不受当地政府干预；④贷款行为市场化；⑤地方政府政策稳定；⑥建立涉农贴息制度；⑦给予涉农贷款税收优惠；⑧农村金融基础服务空白乡镇新设网点给予费用补贴。

4. **农村法律环境指标测度**

农村法律环境从农村法制的建设、农村法律执行的效率和农村法律执行的公正性三个方面共计11个指标进行测度，具体包括：①涉农法律法规较为完善；②农村法制建设与当地乡土社会融合；③相关法律法规能落实到位；④农村金融案件受理率高；⑤农村当地金融案件执行率高；⑥农村当地金融案件执行周期较短；⑦当地司法部门对打击恶意逃废金融债务的力度很大；⑧农村金融案件执行费用合理；⑨很少存在当地政府对执法的干预；⑩执法人员能秉公执法；⑪法律执行信息公开透明。

5. **农村信用环境指标测度**

农村信用环境包括农村社会诚信教育、农村信用中介机构、农村信用

数据支撑体系和农村社会失信惩戒机制四个部分共计 14 个指标，具体包括：①农户和企业有良好的信用意识；②信用宣传比较到位；③当地开展各种形式的信用教育；④推进信用标准化的普及工作；⑤农村信用中介机构行为规范；⑥建立农村信用体系建设的组织领导机制；⑦实现信用信息共享；⑧建立农户和农村企业信用档案库；⑨实现农户和农村企业信用档案管理电子化；⑩建立农村统一的信用评级标准；⑪信用数据能及时更新；⑫建立失信行为存档制度；⑬对信用记录和信用信息公开；⑭能有效的对失信行为进行惩戒。

4.2.3.2 样本的收集和研究方法

本书的数据来源于问卷调查。问卷发放的对象为各地村镇银行。进行数理统计研究的前提是得到真实有效的数据。为保证获取到的样本量的充足和真实，笔者在问卷发放对象和发放渠道方面做了大量的前期准备工作。考虑到关于农村金融生态环境的相关问题，需要对经济状况有很好的判断力和敏感性、熟悉当地的经济金融状况、熟悉国家的相关政策法规，这只有具备一定的专业背景和有相关从业经验的人，才能对此进行较为准确的判断。因此，调查选择为村镇银行的高层管理人员或银监局相关部门的负责人。

本研究采用的统计分析方法如下：①探索性因子分析；②验证性因子分析；③结构方程建模。

4.3 统计分析与假设检验

本节按照 Churchill 的量表开发原则对测量工具进行开发和检验。具体包括：4.4.1 节在小样本问卷调查的基础上，利用探索性因子分析来初步判断变量的构成；4.4.2 节在大样本数据收集的基础上，对问卷的信度和效度进行检验，并利用样本数据对主要变量进行验证性因子分析；4.4.3 节运用结构方程模型对农村金融生态环境与村镇银行脆弱性关系假设进行检验，并对结果进行分析。

4.3.1 变量的探索性因子分析

4.3.1.1 小样本数据的收集与描述

本次小样本的问卷调查主要采用走访形式和个人关系渠道共发放了67份问卷，调查对象为湖南、湖北、江西等地村镇银行的高管人员，回收问卷43份，回收率为64%，其中有效问卷36份，在调查过程中，针对问卷的内容与指标的设置征询了所有被调查人员的意见和建议，基本上，他们对问卷是认可的，这表明问卷具有较高的内容效度。

4.3.1.2 探索性因子分析

本小节运用探索性因子分析对问卷的指标数据进行提取和旋转，得到关于农村金融生态环境各个子系统的指标结果。

首先，本小节运用KMO抽样适合性衡量（Kaiser Meyer Olkin）和巴特利特球型检验（Bartlett's Test of Sphericity）对是否适合进行因子分析进行判断，当KMO值越大，表示变量间的共同因素越多，越适合进行因素分析。一般认为，KMO在0.9以上，非常适合做因子分析；0.8~0.9，很适合；0.7~0.8，适合；0.6~0.7，尚可；0.6以下，很差，应该放弃。巴特利特球形检验 P 值小于给定的显著性水平时，适合进行因子分析。

此外，在进行因子提取计算时采用主成分分析法，然后用方差最大正交选择法进行因子转置。选取的是特征值大于1的因子，在对公因子的提取方面，提取的是累积贡献率大于60%的公因子，以保证问卷有良好的架构效度。同时，为了保证问卷有良好的区分效度，项目的选取因遵循如下的原则：当一个因子只有一个项目时，因缺乏内部一致性而将其删除；为保证项目的收敛效度，选取在其所属因子中的载荷量大于0.5的项目；同时，项目在其所属因子中的载荷量越大越好，但在其他因子的载荷越小越好，以避免横跨因子的现象。

1. 农村经济环境指标分析结果

利用统计工具 SPSS15.0，得到农村经济环境指标因子分析结果如表 4－1 所示：

表 4－1　　农村经济环境 KMO 和 Bartlett 的检验

KMO		0.934
Bartlett 的球形度检验	近似卡方	1265.437
	Df	105
	Sig.	0.000

表 4－1 的结果显示 *KMO* 值为 0.934，大于 0.6，同时巴特利特球形检验的 *P* 值小于 0.05，表明农村经济环境的指标数据适合进行因子分析（见表 4－2）。

表 4－2　　农村经济环境总方差解释

成分	初始特征值			提取平方和载入		
	合计	方差（%）	累积（%）	合计	方差（%）	累积（%）
1	8.761	58.408	58.408	8.761	58.408	58.408
2	1.111	7.405	65.813	1.111	7.405	65.813
3	0.864	5.757	71.571			
4	0.689	4.591	76.161			
5	0.537	3.580	79.742			
6	0.494	3.293	83.034			
7	0.433	2.888	85.923			
8	0.363	2.422	88.345			
9	0.347	2.313	90.658			
10	0.316	2.108	92.766			
11	0.272	1.812	94.578			
12	0.240	1.601	96.179			

续 表

成分	初始特征值			提取平方和载入		
	合计	方差（%）	累积（%）	合计	方差（%）	累积（%）
13	0.234	1.557	97.736			
14	0.195	1.303	99.039			
15	0.144	0.961	100.000			

由表4－2可知，通过主成分方法提取因子后，有2个特征值大于1，其解释方差为65.813%，表明农村经济环境指标是一个二维指标（见表4－3）。

表4－3　　　　农村经济环境指标公因子方差

	初始	提取
A_1	1.000	0.525
A_2	1.000	0.569
A_3	1.000	0.580
A_4	1.000	0.669
A_5	1.000	0.658
A_6	1.000	0.631
A_7	1.000	0.698
A_8	1.000	0.670
A_9	1.000	0.736
A_{10}	1.000	0.631
A_{11}	1.000	0.707
A_{12}	1.000	0.750
A_{13}	1.000	0.667
A_{14}	1.000	0.665
A_{15}	1.000	0.718

根据指标选取原则，所有因子载荷大于0.5，予以保留（见表4－3）。然后采用最大方差旋转后探索性因子分析结果如表4－4和表4－5所示。

表 4-4　因子旋转后农村经济环境总方差解释

成分	初始特征值			旋转平方和载入		
	合计	方差（%）	累积（%）	合计	方差（%）	累积（%）
1	8.761	58.408	58.408	5.223	34.821	34.821
2	1.111	7.405	65.813	4.649	30.992	65.813
3	0.864	5.757	71.571			
4	0.689	4.591	76.161			
5	0.537	3.580	79.742			
6	0.494	3.293	83.034			
7	0.433	2.888	85.923			
8	0.363	2.422	88.345			
9	0.347	2.313	90.658			
10	0.316	2.108	92.766			
11	0.272	1.812	94.578			
12	0.240	1.601	96.179			
13	0.234	1.557	97.736			
14	0.195	1.303	99.039			
15	0.144	0.961	100.000			

表 4-5　农村经济环境指标因子旋转载荷

	成分	
	1	2
A_1	0.734	0.443
A_2	0.731	0.367
A_3	0.728	0.410
A_4	0.718	0.339
A_5	0.706	0.285
A_6	0.706	0.163
A_7	0.706	0.400

续 表

	成分	
	1	2
A_8	0.700	0.280
A_9	0.209	0.789
A_{10}	0.310	0.789
A_{11}	0.357	0.761
A_{12}	0.306	0.756
A_{13}	0.456	0.736
A_{14}	0.474	0.637
A_{15}	0.570	0.588

因子旋转后可提取的总方差为65.813%，农村经济环境指标最终被分为两维，这与初期设想的三个维度有所区别，原因是农村经济市场化程度和农村经济可持续发展能力联系密切，可合为同一个指标，代表农村市场经济的可持续性。在对各自指标项进行考证后，按照特征值从大到小的顺序，将其分别定义为农村经济发展状况和农村市场经济的可持续性。

最后得到经过探索性因子分析后的农村经济环境指标如表4－6所示。

表4－6　　　　农村经济环境指标的维度

维度	原来指标	现在指标	指标描述
农村经济发展状况（*ED*）	A_8	ED_1	有较好的工业基础
	A_4	ED_2	农村基础设施完善
	A_7	ED_3	形成农业种植和加工的产业链
	A_6	ED_4	有涉农龙头企业
	A_3	ED_5	农民消费水平提高
	A_1	ED_6	经济发展势头良好
	A_5	ED_7	主要农产品价格稳定
	A_2	ED_8	农民人均收入水平提高

续 表

维度	原来指标	现在指标	指标描述
农村市场经济的可持续性（*MS*）	A_{12}	MS_1	注重对教育的投入
	A_{14}	MS_2	积极开展农业生产技术培育
	A_{10}	MS_3	加强培育科技型农业
	A_{13}	MS_4	注重对农村生态环境的保护
	A_{11}	MS_5	农产品有竞争优势
	A_9	MS_6	农村市场运行规范有序
	A_{15}	MS_7	积极开展农民务工技能培训

2. 农村金融环境指标分析结果

将样本数据输入 SPSS，得到农村金融环境指标因子分析结果如表 4－7 所示：

表 4－7　　农村金融环境 KMO 和 Bartlett 的检验

KMO		0.710
Bartlett 的球形度检验	近似卡方	499.971
	Df	120
	Sig.	0.000

表 4－7 的结果显示 *KMO* 值为 0.710，大于 0.6，同时巴特利特球形检验的 *P* 值小于 0.05，表明农村金融环境的指标数据适合进行因子分析（见表 4－8）。

表 4－8　　农村金融环境总方差解释

成分	初始特征值			提取平方和载入		
	合计	方差（%）	累积（%）	合计	方差（%）	累积（%）
1	2.807	17.545	17.545	2.807	17.545	17.545
2	2.621	16.379	33.924	2.621	16.379	33.924
3	2.258	14.115	48.039	2.258	14.115	48.039
4	1.645	10.284	58.323	1.645	10.284	58.323

续 表

成分	初始特征值			提取平方和载入		
	合计	方差（%）	累积（%）	合计	方差（%）	累积（%）
5	0.936	5.848	64.171			
6	0.851	5.320	69.492			
7	0.734	4.587	74.078			
8	0.692	4.324	78.403			
9	0.584	3.650	82.053			
10	0.522	3.261	85.314			
11	0.489	3.058	88.372			
12	0.461	2.882	91.255			
13	0.410	2.562	93.817			
14	0.373	2.333	96.150			
15	0.329	2.056	98.206			
16	0.287	1.794	100.000			

由表4－8可知，经过主成分法提取因子后，有4个特征值大于1，其解释方差为58.323%，表明农村政策金融环境是一个四维指标（见表4－9）。

表4－9　　　　农村金融环境指标公因子方差

	初始	提取
B_1	1.000	0.483
B_2	1.000	0.610
B_3	1.000	0.749
B_4	1.000	0.632
B_5	1.000	0.463
B_6	1.000	0.446
B_7	1.000	0.692
B_8	1.000	0.604
B_9	1.000	0.565

续 表

	初始	提取
B_{10}	1.000	0.575
B_{11}	1.000	0.678
B_{12}	1.000	0.612
B_{13}	1.000	0.574
B_{14}	1.000	0.413
B_{15}	1.000	0.624
B_{16}	1.000	0.613

由表4-9可知，B_1、B_5、B_6、B_{14}的因子载荷均小于0.5，应该予以剔除。剔除相应变量后对其进行最大方差选择探索性因子分析结果如表4-10所示。

表4-10　因子旋转后农村金融环境总方差解释

成分	初始特征值			旋转平方和载入		
	合计	方差（%）	累积（%）	合计	方差（%）	累积（%）
1	2.482	20.687	20.687	2.400	20.000	20.000
2	2.357	19.646	40.333	2.203	18.361	38.361
3	1.827	15.228	55.561	1.921	16.006	54.367
4	1.381	11.511	67.072	1.525	12.706	67.072
5	0.713	5.938	73.011			
6	0.645	5.371	78.382			
7	0.575	4.793	83.175			
8	0.518	4.314	87.488			
9	0.427	3.560	91.049			
10	0.407	3.395	94.443			
11	0.367	3.055	97.499			
12	0.300	2.501	100.000			

因子旋转后可提取的总方差累计达到67.072%，因此可将农村政策环境指标分为4个维度，这与初期设想的4个维度完全一致（见表4－11）。按照特征值从大到小的顺序，将其分别定义为：农村金融运行状况、农村金融发展水平、农村金融效率和农村金融市场结构。

表4－11　　农村金融环境指标因子旋转载荷

	成分			
	1	2	3	4
B_{11}	0.823	0.045	0.119	－0.061
B_{12}	0.800	0.061	0.049	0.042
B_{10}	0.746	－0.108	0.043	0.087
B_{9}	0.704	0.093	－0.099	－0.192
B_{3}	0.006	0.880	－0.071	－0.071
B_{4}	0.001	0.851	－0.063	0.014
B_{2}	0.066	0.770	－0.018	0.079
B_{16}	0.030	－0.051	0.821	0.178
B_{15}	0.136	－0.206	0.778	－0.037
B_{13}	－0.044	0.070	0.752	－0.034
B_{7}	－0.081	－0.108	－0.084	0.860
B_{8}	0.005	0.151	0.175	0.831

经过探索性因子分析后农村政策环境指标如表4－12所示。

表4－12　　农村金融环境指标的维度

维度	原来指标	现在指标	指标描述
农村金融运行状况（FS）	B_{11}	FS_1	金融机构赢利状况良好
	B_{12}	FS_2	金融资产多样化
	B_{10}	FS_3	农业贷款占全部贷款的比重提高
	B_{9}	FS_4	农业贷款增长较快

续 表

维度	原来指标	现在指标	指标描述
农村金融发展水平（*FD*）	B_3	FD_1	金融机构存款余额有所增长
	B_4	FD_2	金融机构贷款余额有所增长
	B_2	FD_3	农村金融交易较活跃
农村金融效率（*FE*）	B_{16}	FE_1	涉农理财金融产品丰富
	B_{15}	FE_2	农村金融信息的传递充分及时
	B_{13}	FE_3	农村金融机构网点覆盖率高
农村金融市场结构（*FM*）	B_7	FM_1	农村金融市场竞争充分
	B_8	FM_2	有农业信贷风险保障机制

3. 农村政策环境指标分析结果

表4-13 的结果显示 *KMO* 值为0.747，大于0.7，同时巴特利特球形检验的 *P* 值小于 0.05，表明农村政策环境的指标数据适合进行因子分析。

表4-13　农村法律环境 KMO 和 Bartlett 的检验

KMO		0.747
Bartlett 的球形度检验	近似卡方	79.846
	Df	28
	Sig.	0.000

表4-14　农村法律环境总方差解释

成分	初始特征值			提取平方和载入		
	合计	方差（%）	累积（%）	合计	方差（%）	累积（%）
1	2.246	28.077	28.077	2.246	28.077	28.077
2	1.103	13.787	41.864	1.103	13.787	41.864
3	0.994	12.429	54.293			
4	0.869	10.866	65.159			
5	0.764	9.546	74.705			

续 表

成分	初始特征值			提取平方和载入		
	合计	方差（%）	累积（%）	合计	方差（%）	累积（%）
6	0.721	9.010	83.715			
7	0.657	8.218	91.933			
8	0.645	8.067	100.000			

由表4－14可知，利用主成分法对农村政策环境各指标提取因子后，结果显示有2个特征值大于1，解释方差为41.864%，这表明农村政策环境是一个二维指标。

表4－15　　农村法律环境指标公因子方差

	初始	提取
C_1	1.000	0.562
C_2	1.000	0.435
C_3	1.000	0.487
C_4	1.000	0.587
C_5	1.000	0.372
C_6	1.000	0.512
C_7	1.000	0.665
C_8	1.000	0.841

由表4－15可知，C_1 和 C_4、C_6、C_7、C_8 的因子载荷均大于0.5，应该予以保留。对其进行最大方差选择探索性因子分析结果如表4－16和表4－17所示：

表4－16　　因子旋转后农村法律环境总方差解释

成分	初始特征值			旋转平方和载入		
	合计	方差（%）	累积（%）	合计	方差（%）	累积（%）
1	1.554	31.073	31.073	1.536	30.711	30.711
2	1.032	20.636	51.709	1.050	20.998	51.709

续 表

成分	初始特征值			旋转平方和载入		
	合计	方差（%）	累积（%）	合计	方差（%）	累积（%）
3	0.969	19.386	71.095			
4	0.746	14.927	86.022			
5	0.699	13.978	100.000			

表 4－17　　农村法律环境指标因子旋转载荷

	成分	
	1	2
C_6	－0.703	0.625
C_1	0.688	－0.051
C_4	0.594	0.398
C_7	－0.454	0.782
C_6	－0.092	0.739

因子旋转后可提取的总方差累计达到 51.709%，因此可将农村政策环境指标分为两个维度，这与初期设想的两个维度完全一致。按照特征值从大到小的顺序，将其分别定义为地方政府行为的规范和地方政府相关的政策扶持。

经过探索性因子分析后农村政策环境指标如表 4－18 所示：

表 4－18　　农村政策环境指标的维度

维度	原来指标	现在指标	指标描述
地方政府行为的规范（*GR*）	C_1	GR_1	地方政府事权边界清晰
	C_4	GR_2	村镇银行的机构设置和人事安排不受当地政府干预
地方政府的相关政策扶持（*GP*）	C_6	GP_1	建立涉农贴息政策
	C_7	GP_2	给予涉农贷款税收优惠
	C_8	GP_3	农村金融基础服务空白乡镇新设网点给予费用补贴

4. 农村法律环境指标分析结果

表 4-19　　农村法律环境 KMO 和 Bartlett 的检验

KMO		0.709
Bartlett 的球形度检验	近似卡方	386.587
	Df	0.55
	Sig.	0.000

表 4-19 的结果显示 *KMO* 值为 0.709，大于 0.7，同时巴特利特球形检验的 *P* 值小于 0.05，表明农村法律环境的指标数据适合进行因子分析。

表 4-20　　农村法律环境总方差解释

成份	初始特征值			提取平方和载入		
	合计	方差（%）	累积（%）	合计	方差（%）	累积（%）
1	3.202	29.113	29.113	3.202	29.113	29.113
2	1.961	17.825	46.938	1.961	17.825	46.938
3	1.657	15.067	62.005	1.657	15.067	62.005
4	0.858	7.798	69.804			
5	0.775	7.041	76.845			
6	0.551	5.006	81.850			
7	0.516	4.692	86.543			
8	0.465	4.229	90.772			
9	0.434	3.941	94.713			
10	0.349	3.170	97.883			
11	0.233	2.117	100.000			

由表 4-20 可知，对农村法律环境各指标进行主成分法进行因子提取后，有 3 个特征值大于 1，且解释方差为 62.005%，农村法律环境是一个三维指标。

表 4－21　　农村法律环境指标公因子方差

	初始	提取
D_1	1.000	0.599
D_2	1.000	0.721
D_3	1.000	0.456
D_4	1.000	0.697
D_5	1.000	0.596
D_6	1.000	0.676
D_7	1.000	0.737
D_8	1.000	0.542
D_9	1.000	0.586
D_{10}	1.000	0.664
D_{11}	1.000	0.548

表 4－21 结果表明，D_2 的因子载荷小于 0.5，剔除该指标，其余指标因子载荷均大于 0.5，予以保留。剔除 D_2 后对变量进行最大方差选择探索性因子分析，结果如表 4－22 和表 4－23 所示。

表 4－22　　因子旋转后农村法律环境总方差解释

成分	初始特征值			旋转平方和载入		
	合计	方差（%）	累积（%）	合计	方差（%）	累积（%）
1	3.167	31.674	31.674	3.125	31.249	31.249
2	1.878	18.783	50.457	1.854	18.538	49.786
3	1.244	12.442	62.898	1.311	13.112	62.898
4	0.855	8.546	71.444			
5	0.753	7.535	78.979			
6	0.525	5.248	84.227			
7	0.514	5.145	89.372			

续 表

成分	初始特征值			旋转平方和载入		
	合计	方差（%）	累积（%）	合计	方差（%）	累积（%）
8	0.459	4.589	93.961			
9	0.366	3.662	97.622			
10	0.238	2.378	100.000			

表 4-23　　农村法律环境指标因子旋转载荷旋转成分矩阵 a

	成分		
	1	2	3
D_7	0.859	0.050	-0.038
D_4	0.818	0.051	0.183
D_6	0.810	0.115	0.077
D_5	0.762	0.005	0.121
D_8	0.687	-0.217	-0.122
D_{10}	0.026	0.819	0.084
D_9	-0.017	0.764	-0.044
D_{11}	0.015	0.727	-0.162
D_3	0.094	-0.036	0.780
D_1	0.021	-0.066	0.772

因子旋转后可提取的总方差累计达到62.898%，因此可将农村法律环境指标分为三个维度，这与初期设想的三个维度完全一致，且问题除了 *D2* 外，对应的可测变量并没有改变，因此保留原来的可测变量的定义，按照特征值从大到小的顺序，将其分别定义为：农村法律执行效率、农村法律执行公正性和农村法制建设。

经过探索性因子分析后农村法律环境指标如表 4-24 所示。

表 4-24 农村法律环境指标的维度

维度	原来指标	现在指标	指标描述
农村法律执行效率（LE）	D_7	LE_1	司法部门对打击恶意逃废金融债务的力度很大
	D_4	LE_2	农村金融案件受理率高
	D_6	LE_3	农村当地金融案件执行周期较短
	D_5	LE_4	农村当地金融案件执行率高
	D_8	LE_5	农村金融案件执行费用合理
农村法律执行公正性（LJ）	D_{10}	LJ_1	执法人员能秉公执法
	D_9	LJ_2	很少存在当地政府对执法的干预
	D_{11}	LJ_3	法律执行信息公开透明
农村法制建设（LC）	D_3	LC_1	相关法律法规能落实到位
	D_1	LC_2	涉农法律法规较为完善

5. 农村信用环境指标分析结果

表 4-25 农村信用环境 KMO 和 Bartlett 的检验

KMO		0.822
Bartlett 的球形度检验	近似卡方	713.048
	Df	91
	Sig.	0.000

表 4-25 的结果显示 *KMO* 值为 0.822，大于 0.7，同时巴特利特球形检验的 *P* 值小于 0.05，表明可以对农村信用环境的指标数据进行因子分析。

表 4-26 农村信用环境总方差解释

成分	初始特征值			提取平方和载入		
	合计	方差（%）	累积（%）	合计	方差（%）	累积（%）
1	4.054	28.957	28.957	4.054	28.957	28.957
2	3.037	21.695	50.653	3.037	21.695	50.653
3	2.027	14.481	65.134	2.027	14.481	65.134

续 表

成分	初始特征值			提取平方和载入		
	合计	方差（%）	累积（%）	合计	方差（%）	累积（%）
4	0.712	5.083	70.217			
5	0.694	4.957	75.174			
6	0.575	4.108	79.282			
7	0.523	3.738	83.020			
8	0.440	3.141	86.161			
9	0.396	2.829	88.990			
10	0.378	2.697	91.687			
11	0.340	2.431	94.118			
12	0.313	2.233	96.352			
13	0.286	2.041	98.392			
14	0.225	1.608	100.000			

通过主成分法对农村信用环境各变量提取因子后，结果显示有 3 个特征值大于1，且解释方差为 65.134%，这说明农村信用环境是一个三维指标（见表 4－26）。

表 4－27　　农村信用环境指标公因子方差

	初始	提取
E_1	1.000	0.714
E_2	1.000	0.711
E_3	1.000	0.704
E_4	1.000	0.814
E_5	1.000	0.536
E_6	1.000	0.607
E_7	1.000	0.569
E_8	1.000	0.721

续　表

	初始	提取
E_9	1.000	0.629
E_{10}	1.000	0.619
E_{11}	1.000	0.495
E_{12}	1.000	0.640
E_{13}	1.000	0.693
E_{14}	1.000	0.666

根据表4－27，E_{11}的因子载荷小于0.5，故应剔除，其余指标的因子载荷皆大于0.5，予以保留。将指标E_{11}剔除后，对其余指标进行最大方差选择探索性因子分析，结果如表4－28和表4－29所示：

表4－28　　　　因子旋转后农村信用环境总方差解释

成分	初始特征值			旋转平方和载入		
	合计	方差（%）	累积（%）	合计	方差（%）	累积（%）
1	3.706	28.509	28.509	3.680	28.310	28.310
2	2.997	23.054	51.563	2.954	22.720	51.031
3	1.999	15.380	66.943	2.069	15.913	66.943
4	0.700	5.387	72.330			
5	0.580	4.460	76.790			
6	0.566	4.351	81.141			
7	0.443	3.410	84.551			
8	0.399	3.068	87.619			
9	0.394	3.031	90.649			
10	0.368	2.831	93.480			
11	0.336	2.584	96.064			
12	0.286	2.204	98.268			
13	0.225	1.732	100.000			

表 4-29　农村信用环境指标因子旋转载荷

	成分		
	1	2	3
E_8	0.838	0.064	0. -118
E_6	0.789	-0.145	-0.015
E_9	0.787	-0.031	0.118
E_{10}	0.781	-0.012	0.105
E_7	0.759	0.045	-0.027
E_5	0.722	-0.013	-0.113
E_4	-0.072	0.899	-0.011
E_1	0.017	0.844	0.057
E_2	0.018	0.837	-0.102
E_3	-0.031	0.832	-0.102
E_{13}	-0.112	0.004	0.841
E_{14}	-0.019	-0.037	0.810
E_{12}	0.094	-0.095	0.793

因子选择后可提取的总方差累计达到66.943%，因此可将农村信用环境指标分为3个维度。按照特征值从大到小的顺序，将其分别定义为：农村信用数据支撑体系、农村社会诚信教育和农村社会失信惩戒机制。这与初期设想的四个维度有区别，经访谈后发现农村信用数据支持体系和农村信用中介机构联系紧密，将其合为一个因子。

经过探索性因子分析后农村信用环境指标如表4-30所示。

表 4-30　农村信用环境指标的维度

维度	原来指标	现在指标	指标描述
农村信用数据支撑体系（CD）	E_8	CD_1	建立农户和农村企业信用档案库
	E_6	CD_2	建立农村信用体系建设的组织领导机制
	E_9	CD_3	实现农户和农村企业信用档案管理电子化

续 表

维度	原来指标	现在指标	指标描述
农村信用数据支撑体系（CD）	E_{10}	CD_4	建立农村统一的信用评级标准
	E_7	CD_5	实现信用信息共享
	E_5	CD_6	农村信用中介机构行为规范
农村社会诚信教育（*CE*）	E_1	CE_1	农户和企业有良好的信用意识
	E_2	CE_2	信用宣传比较到位
	E_3	CE_3	开展各种形式的信用教育
	E_4	CE_4	推进信用标准化的普及工作
农村社会失信惩戒机制（*CP*）	E_{12}	CP_1	建立失信行为存档制度
	E_{13}	CP_2	对信用记录和信用信息公开
	E_{14}	CP_3	能有效惩戒失信行为

6. 农村金融生态环境与村镇银行脆弱性关系的概念模型调整与假设

利用探索性因子分析法对小样本进行分析后，对农村金融生态环境各维度的影响因素进行相应的调整，修正后的概念模型与假设命题如图 4－2 所示。

修正后的研究假设：

H1：农村经济环境受农村经济发展状况和农村市场经济的可持续性影响；

H2：农村金融环境受农村金融发展水平、农村金融市场结构、农村金融效率和农村金融运行状况的影响；

H3：农村政策环境受地方政府行为的规范和地方政府相关政策扶持所影响；

H4：农村法律环境受农村法制建设、农村法律执行效率和农村法律执行公正性的影响；

H5：农村信用环境受农村信用支撑体系、农村社会诚信教育和农村社会失信惩戒机制所影响；

H6：农村经济环境对村镇银行脆弱性的改善有显著正向影响；

H6a：农村经济发展状况对村镇银行脆弱性的改善有显著正向影响；

H6b：农村市场经济的可持续性对村镇银行脆弱性的改善有显著正向影响；

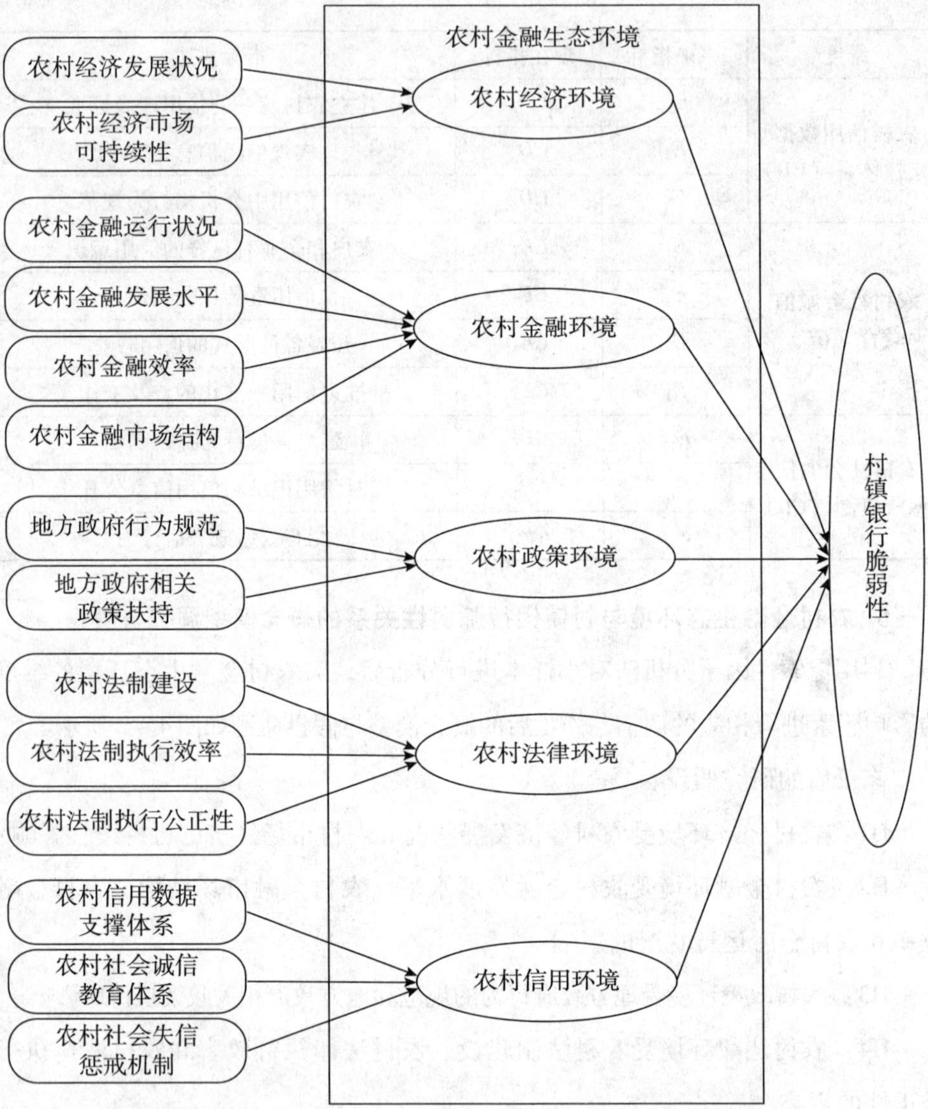

农村金融生态环境

农村经济发展状况
农村经济市场可持续性
→ 农村经济环境

农村金融运行状况
农村金融发展水平
农村金融效率
农村金融市场结构
→ 农村金融环境

地方政府行为规范
地方政府相关政策扶持
→ 农村政策环境

农村法制建设
农村法制执行效率
农村法制执行公正性
→ 农村法律环境

农村信用数据支撑体系
农村社会诚信教育体系
农村社会失信惩戒机制
→ 农村信用环境

→ 村镇银行脆弱性

图 4-2　修正后的农村金融生态环境与村镇银行关系的概念模型

H7：农村金融环境对村镇银行脆弱性的改善有显著正向影响；

H7a：农村金融运行状况对村镇银行脆弱性的改善有显著正向影响；

H7b：农村金融发展水平对村镇银行脆弱性的改善有显著正向影响；

H7c：农村金融效率对村镇银行脆弱性的改善有显著正向影响；

H7d：农村金融市场结构对村镇银行脆弱性的改善有显著正向影响；

H8：农村政策环境对村镇银行脆弱性的改善有显著正向影响；

H8a：地方政府行为的规范对村镇银行脆弱性的改善有显著正向影响；

H8b：地方政府的相关政策扶持对村镇银行脆弱性的改善有显著正向影响；

H9：农村法律环境对村镇银行脆弱性的改善有显著正向影响；

H9a：农村法制建设对村镇银行脆弱性的改善有显著正向影响；

H9b：农村法律执行效率对村镇银行脆弱性的改善有显著正向影响；

H9c：农村法律执行公正性对村镇银行脆弱性的改善有显著正向影响；

H10：农村信用环境对村镇银行脆弱性的改善有显著正向影响；

H10a：农村信用数据支撑体系对村镇银行脆弱性的改善有显著正向影响；

H10b：农村社会诚信教育对村镇银行脆弱性的改善有显著正向影响；

H10c：农村社会失信惩戒机制对村镇银行脆弱性的改善有显著正向影响。

4.3.2 大样本统计分析

通过小样本问卷对各指标进行修正后，进行大样本的问卷调查，然后进行数据的信度和效度分析，并利用结构方程模型对经过小样本修正后的指标进行验证性因子分析。

1. 数据的收集与描述

本书的数据来源于问卷调查。调查对象为湖北、湖南、广西、甘肃、四川、青海等地的村镇银行。考虑到关于农村金融生态环境的相关问题，需要对经济状况有很好的判断性和敏感性，熟悉当地的经济金融状况，熟悉国家的相关政策法规，这只有具备一定的专业背景和有从业经验的人才能对此进行较为准确的判断。因此调查对象为村镇银行的高层管理人员或银监局相关部门的负责人。在全部回收问卷中，高层管理人员填答的共 197 人，占比 56.9%；部门经理人员填答的 133 人，占比 38.4%，银监局相关部门的负责人填答的共 16 人，占比 0.7%。

为了保证良好的统计性质，使研究结果有意义且参数估计值比较准确，需要较大的样本。本次调研共发放纸质问卷及电子问卷346份，最终回收问卷197份，回收率为56.9%。其中凡是问卷主体部分填写不完整或问卷答题中存在辨伪题目的，都作为无效问卷来处理，得到有效问卷184份，有效回收率为93.4%。考虑到本次问卷的发放与收集工作量很大，故采用多种渠道和方式进行问卷调查，如邮寄、管理咨询机构、网络以及个人关系网等渠道等。

2. 问卷的信度和效度检验

(1) 信度分析是对问卷的一致性和可靠性程度进行的分析。Cronbach α 是目前最常用的信度系数，评价的是量表中各题项得分间的一致性，按照 DeVellis（1991）的观点，α 系数在0.7以上时，说明问卷的信度可以接受。另外一种常用方法是计算纠正条款的总相关系数 CITC（Corrected - Item Total Correlation），要求其数值应大于0.5，否则予以删除。以下用 CITC、Cronbach α 来对各指标的信度进行检验。

Ⅰ. 农村经济环境指标的信度分析

A. 农村经济发展状况

利用 SPSS 软件对大样本数据进行信度分析，所得结果如表4－31所示。

表4－31　农村经济基本状况指标的信度分析

测量题项	*CITC*	删除本项后的 α 值	α 值
1	0.745	0.706	0.727
2	0.673	0.715	
3	0.726	0.697	
4	0.598	0.685	
5	0.717	0.69	
6	0.793	0.69	
7	0.871	0.709	
8	0.627	0.707	

从表4－31可以看出，农村经济基本状况的8个具体指标的 *CITC* 值都高

于0.5，予以保留，且α系数达到0.727，大于0.7，说明农村经济基本状况指标的可靠性满足条件。

B. 农村市场经济的可持续性

利用SPSS软件对大样本数据进行信度分析，所得结果如表4-32所示。

表4-32　农村市场经济可持续指标的信度分析

测量题项	*CITC*	删除本项后的α值	α值
1	0.881	0.778	0.802
2	0.786	0.777	
3	0.700	0.777	
4	0.814	0.783	
5	0.793	0.776	
6	0.698	0.769	
7	0.766	0.771	

从表4-32可以看出，农村经济环境指标中的农村市场经济可持续性的7个具体指标的*CITC*值都高于0.5，故需保留这7个细分指标，且α系数达到0.802，大于0.7，说明村市场经济可持续性指标的可靠性满足条件。

Ⅱ. 农村金融环境指标的信度分析

A. 农村金融运行状况

利用SPSS软件对大样本数据进行信度分析，所得结果如表4-33所示。

表4-33　农村金融总量指标的信度分析

测量题项	*CITC*	删除本项后的α值	α值
1	0.700	0.692	0.842
2	0.676	0.715	
3	0.726	0.717	

从表4-33可以看出，农村金融环境指标中的农村金融发展水平的3个

具体指标的 *CITC* 值都高于 0.5，需保留这 3 个细分指标，且 α 系数达到 0.842，大于 0.7，说明农村金融发展水平指标的可靠性满足条件。

B. 农村金融发展水平

利用 SPSS 软件对大样本数据进行信度分析，所得结果如表 4－34 所示。

表 4－34　　农村金融业务发展水平指标的信度分析

测量题项	*CITC*	删除本项后的 α 值	α 值
1	0.761	0.740	0.781
2	0.674	0.719	
3	0.628	0.730	
4	0.753	0.720	

根据表 4－34，农村金融市场结构中 4 个指标的 *CITC* 值均高于 0.5，予以保留，且 α 系数达到 0.781，大于 0.7，说明农村金融市场结构指标的可靠性满足条件。

C. 农村金融效率

利用 SPSS 软件对大样本数据进行信度分析，所得结果如表 4－35 所示。

表 4－35　　农村金融效率指标的信度分析

测量题项	*CITC*	删除本项后的 α 值	α 值
1	0.758	0.734	0.793
2	0.814	0.709	
3	0.617	0.712	

从表 4－35 可以看出，农村金融效率的 3 个指标的 *CITC* 值均大于 0.5，予以保留，且 α 系数达到 0.793，大于 0.7，说明农村金融效率指标的可靠性满足条件。

D. 农村金融市场结构

利用 SPSS 软件对大样本数据进行信度分析，所得结果如表 4－36 所示。

表 4－36　　农村金融结构发展水平指标的信度分析

测量题项	*CITC*	α 值
1	0.627	0.787
2	0.692	

从表 4－36 可以看出，农村金融环境指标中的农村金融运行状况水平的 2 个具体指标的 *CITC* 值都高于 0.5，需保留这 2 个细分指标，且 α 系数达到 0.787，大于 0.7，说明农村金融运行状况指标的可靠性满足条件。

Ⅲ. 农村政策环境指标的信度分析

A. 地方政府行为的规范

利用 SPSS 软件对大样本数据进行信度分析，所得结果如表 4－37 所示。

表 4－37　　地方政府行为规范指标的信度分析

测量题项	*CITC*	α 值
1	0.762	0.820
2	0.698	

从表 4－37 可以看出，地方政府行为的规范的 2 个指标的 *CITC* 值均大于 0.5，予以保留，且 α 系数达到 0.820，大于 0.7，说明地方政府行为规范指标的可靠性满足条件。

B. 地方政府的相关政策扶持

利用 SPSS 软件对大样本数据进行信度分析，所得结果如表 4－38 所示。

表 4－38　　地方政府相关政策扶持指标的信度分析

测量题项	*CITC*	删除本项后的 α 值	α 值
1	0.871	0.739	0.785
2	0.793	0.659	
3	0.682	0.723	

从表 4 – 38 可以看出，地方政府相关政策扶持的 3 个指标的 *CITC* 值均大于 0.5，予以保留，且 α 系数达到 0.785，大于 0.7，说明地方政府相关政策扶持指标的可靠性满足条件。

Ⅳ. 农村法律环境指标的信度分析

A. 农村法制建设

用 SPSS 软件对大样本数据进行信度分析，所得结果如表 4 – 39 所示。

表 4 – 39　法制建设指标的信度分析

测量题项	*CITC*	α 值
1	0.701	0.779
2	0.613	

结果表明，农村法律环境指标中的农村法制建设的 2 个指标 *CITC* 值均大于 0.5，予以保留，且 α 系数达到 0.779，大于 0.7，说明法制建设指标的可靠性满足条件。

B. 农村法律执行效率

从表 4 – 40 可以看出，农村法律环境指标中的农村法律执行效率的 5 个指标的 *CITC* 值均大于 0.5，予以保留，且 α 系数达到 0.794，大于 0.7，说明法律执行效率指标的可靠性满足条件。

表 4 – 40　法律执行效率指标的信度分析

测量题项	*CITC*	删除本项后的 α 值	α 值
1	0.694	0.755	0.794
2	0.721	0.755	
3	0.737	0.767	
4	0.805	0.746	
5	0.726	0.752	

C. 农村法律执行公正性

从表 4 – 41 可以看出，农村法律环境指标中的农村法律执行公正性的 3

个指标 *CITC* 值均大于0.5，予以保留，且 α 系数达到0.746，大于0.7，说明法律执行公正性指标的可靠性满足条件。

表4－41　　法律执行公正性指标的信度分析

测量题项	*CITC*	删除本项后的 α 值	α 值
1	0.582	0.680	0.746
2	0.769	0.622	
3	0.613	0.681	

Ⅴ. 农村信用环境指标的信度分析

A. 农村信用数据支撑体系

从表4－42可以看出，农村信用环境指标中的农村信用数据支撑体系的6个指标 *CITC* 值均大于0.5，予以保留，且 α 系数达到0.874，大于0.7，说明农村信用数据支撑体系指标的可靠性满足条件。

表4－42　　农村信用数据支撑体系指标的信度分析

测量题项	*CITC*	删除本项后的 α 值	α 值
1	0.796	0.841	0.874
2	0.883	0.861	
3	0.914	0.852	
4	0.846	0.857	
5	0.882	0.852	
6	0.926	0.850	

B. 农村社会诚信教育

从表4－43可以看出，农村信用环境中的农村社会诚信教育的4个指标 *CITC* 值均大于0.5，予以保留，且 α 系数达到0.841，大于0.7，说明农村社会诚信教育指标的可靠性满足条件。

表 4-43　农村社会诚信教育指标的信度分析

测量题项	*CITC*	删除本项后的 α 值	α 值
1	0.749	0.816	0.841
2	0.871	0.821	
3	0.714	0.780	
4	0.823	0.774	

C. 农村社会失信惩戒机制

从表 4-44 可以看出，农村信用环境中的农村社会失信惩戒机制的 3 个细分指标的 *CITC* 值都均大于 0.5，予以保留，且 α 系数达到 0.814，大于 0.7，说明农村社会失信惩戒机制指标的可靠性满足条件。

表 4-44　农村社会失信惩戒机制指标的信度分析

测量题项	*CITC*	删除本项后的 α 值	α 值
1	0.870	0.759	0.814
2	0.701	0.746	
3	0.627	0.728	

Ⅵ. 村镇银行脆弱性指标的信度分析

表 4-45 表明，村镇银行脆弱性指标的 4 个细分指标的 *CITC* 值均大于 0.5，予以保留，且 α 系数达到 0.835，大于 0.7，村镇银行脆弱性指标的可靠性满足条件。

表 4-45　村镇银行脆弱性指标的信度分析

测量题项	*CITC*	删除本项后的 α 值	α 值
1	0.829	0.799	0.835
2	0.794	0.816	
3	0.846	0.811	
4	0.831	0.812	

（2）问卷的效度检验。效度检验是用于反映测量工具或手段能够测出

所需测量的事物准确的程度，分为三种类型：内容效度（Face Validity）、准则效度（Criterion Validity）和架构效度（Construct Validity）。内容效度是指项目对待测的内容或行为范围取样的适当程度。一个测验要有内容效度必须具备的两个条件：①要有定义完好的内容范围。②测验项目应是已界定的内容范围的代表性样本。一般由专家对测验项目与所涉及的内容范围进行符合性判断。本书结合相关理论，对问卷进行设计，并分别与村镇银行的高管人员、金融监管部门的有关人员就问卷的内容进行深入的探讨，然后对问卷结构进行合理调整，以保证问卷的内容效度。准则效度是指基于某种理论，确定一种指标或测量工具作为准则来分析问卷题项与准则的联系。由于在调查问卷的效度分析中，很难选择一个合适的准则，该方法并不常用。结构效度是指测量结果体现出来的某种结构与测值之间的对应程度，包括收敛效度和区别效度。本书通过相关矩阵来检验农村金融生态环境的五个维度与村镇银行脆弱性的结构效度，数据分析结果如表 4－46 和表 4－47 所示。

表 4－46　　　　相关系数

	Correlations					
	村镇银行脆弱性	农村经济环境	农村金融环境	农村政策环境	农村法律环境	农村信用环境
村镇银行脆弱性	1	0.599567	0.584955	0.495434	0.56666	0.649661
农村经济环境	0.599567	1	0.773774	0.512792	0.69688	0.761415
农村金融环境	0.584955	0.773774	1	0.62191	0.699675	0.698805
农村政策环境	0.495434	0.512792	0.62191	1	0.701039	0.501081
农村法律环境	0.56666	0.69688	0.699675	0.701039	1	0.682651
农村信用环境	0.649661	0.761415	0.698805	0.501081	0.682651	1

各个指标相关系数均大于或者接近 0.5，且都通过了 T 检验，表明问卷具有良好的收敛效度，且各因子的平均方差萃取值（Average Variances Extracted，AVE）均大于 0.5，且大于该因子与其他因子的相关系数的平方值，这

表明问卷具有良好的区分效度，总的来说模型具有较好的效度结构，可以进一步用结构模型来分析各潜变量之间的相互关系。

表 4-47　　区分效度检验

	村镇银行脆弱性	农村经济环境	农村金融环境	农村政策环境	农村法律环境	农村信用环境
村镇银行脆弱性	(0.621)	0.359	0.342	0.245	0.321	0.422
农村经济环境	0.359	(0.597)	0.599	0.263	0.486	0.580
农村金融环境	0.342	0.599	(0.611)	0.387	0.490	0.488
农村政策环境	0.245	0.263	0.387	(0.623)	0.491	0.251
农村法律环境	0.321	0.486	0.490	0.491	(0.544)	0.466
农村信用环境	0.422	0.580	0.488	0.251	0.466	(0.593)

（3）验证性因子分析（CFA）。

为了进一步检验探索性因子分析得到的结果的拟合能力，本书利用 Amos7.0 软件分别对农村经济环境、农村金融环境、农村政策环境、农村法律环境和农村信用环境五个方面及村镇银行脆弱性进行验证性因子分析，用以确认农村金融生态环境与村镇银行脆弱性的构成维度。

在进行验证性因子分析中，采用以下拟合指标：χ^2/df、*GFI*、*AGFI*、*TLI*、*CFI*、*RMSEA* 等。一般认为，χ^2/df 越小越好，小于 3 可以接受，但一般小于 2 为宜；当 *GFI*、*AGFI*、*TLI*、*CFI* 这几项指标的值在 0.9～1 时，表示该模型具有较好的拟合效果，在 0.8～0.9 时，表示该模型的拟合效果是可以接受的；*RMSEA* 低于 0.05 表示非常好的拟合，低于 0.08 表示拟合效果可以接受。

Ⅰ. 农村经济环境

农村经济环境分为农村经济基本状况和农村经济可持续两个维度，共 15 个题项。通过对各测量题项进行验证性因子分析，可得到估计参数值和可观测残差结果，如图 4-3 和表 4-48 所示。

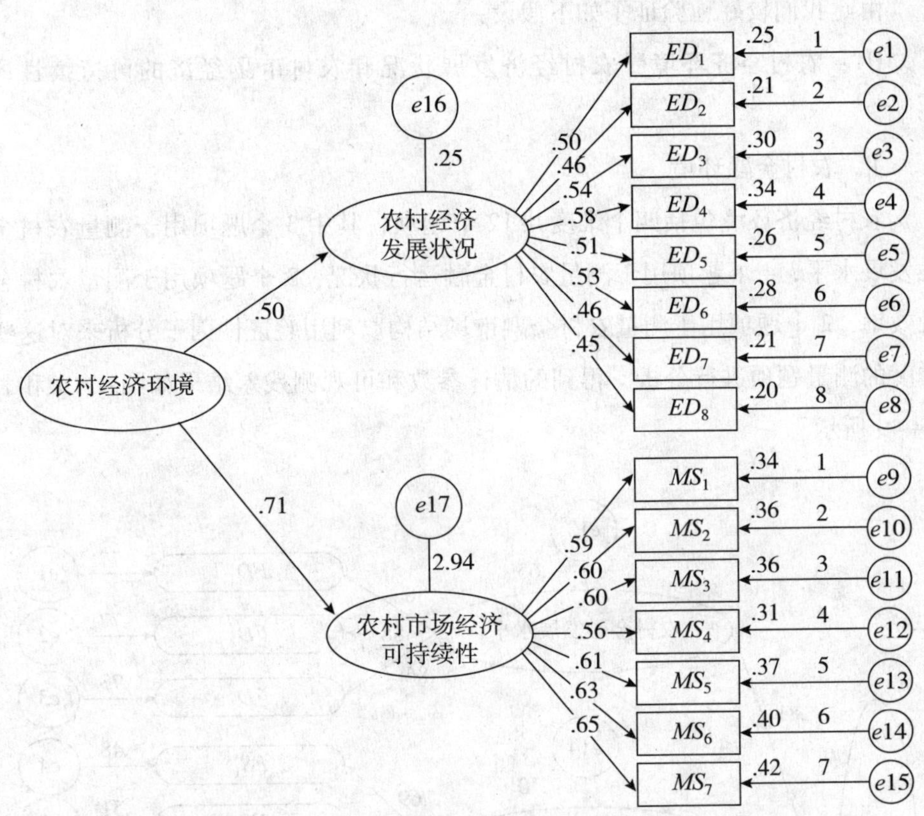

图 4－3 农村经济环境验证性因子分析模型

表 4－48 农村经济环境验证性因子分析模型参数估计

拟合指数变量	χ^2/df	*RMSEA*	*GFI*	*AGFI*	*NFI*	*CFI*	*IFI*	*TLI*
数值	1.734	0.042	0.954	0.938	0.894	0.952	0.952	0.943

农村经济环境各测量模型的 χ^2/df, *RMSEA*、*GFI*、*AGFI*、*CFI*、*IFI* 和 *TLI* 都满足条件要求的优良拟合标准，只有 *NFI* 的值为 0.894 略低于 0.9 的优良拟合标准，但仍大于 0.8 的有效拟合标准，说明模型具有较好的拟合；各个维度上的负载值在 0.45 ~ 0.58，负载数值较高，这说明农村经济环境和农村市场经济可持续性这两个维度的 15 个指标能够较好地测量农村经济环境。

由此我们较好地验证了如下假设：

H1：农村经济环境受农村经济发展状况和农村市场经济的可持续性所影响。

Ⅱ. 农村金融环境

农村经济环境包括四个维度共 12 个题项，其中 3 个题项用于测量农村金融发展水平，4 个题项用于测量农村金融运行状况，3 个题项用于测量农村金融效率，2 个题项用于测量农村金融市场结构。利用验证性因子分析来对这些维度的测量题项进行分析，得到的估计参数和可观测残差结果如图 4－4 和表 4－49 所示。

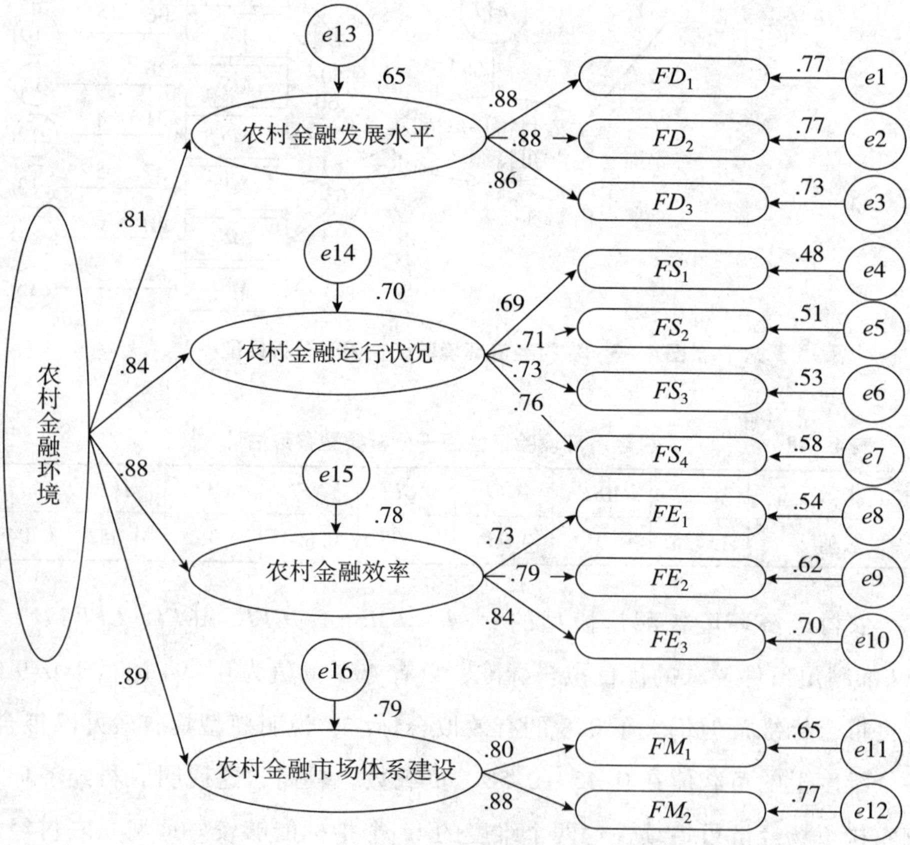

农村金融环境
.81 农村金融发展水平 (e13 .65)
.88 FD_1 .77 e1
.88 FD_2 .77 e2
.86 FD_3 .73 e3
.84 农村金融运行状况 (e14 .70)
.69 FS_1 .48 e4
.71 FS_2 .51 e5
.73 FS_3 .53 e6
.76 FS_4 .58 e7
.88 农村金融效率 (e15 .78)
.73 FE_1 .54 e8
.79 FE_2 .62 e9
.84 FE_3 .70 e10
.89 农村金融市场体系建设 (e16 .79)
.80 FM_1 .65 e11
.88 FM_2 .77 e12

图 4－4　农村金融环境验证性因子分析模型

表 4－49　　农村金融环境验证性因子分析模型参数估计

拟合指数变量	χ^2/df	*RMSEA*	*GFI*	*AGFI*	*NFI*	*CFI*	*IFI*	*TLI*
数值	1. 934	0. 092	0. 892	0. 906	0. 883	0. 906	0. 907	0. 903

农村金融环境各测量模型的 χ^2/df，*RMSEA*、*AGFI*、*CFI*、*IFI* 和 *TLI* 都满足条件要求的优良拟合标准，*GFI* 和 *NFI* 的值分别为 0. 892 和 0. 883，略低于 0. 9 的优良拟合标准，但仍大于 0. 8 的有效拟合标准，说明模型具有较好的拟合效果；同时各个维度上的负载值在 0. 69 ~ 0. 88，均有较高负载，表明隶属于四个维度的 12 个指标能够较好地测量农村金融环境。

由此我们较好地验证了如下假设：

H2：农村金融环境受农村金融运行状况、农村金融发展水平、农村金融效率和农村金融市场结构的影响。

Ⅲ. 农村政策环境

农村政策环境包括两个维度共 5 个题项，其中 2 个题项用于测量地方政府行为的规范，3 个题项用于测量地方政府的相关政策扶持。通过验证性因子分析得到的估计参数和可观测残差结果如图 4－5、表 4－50 所示。

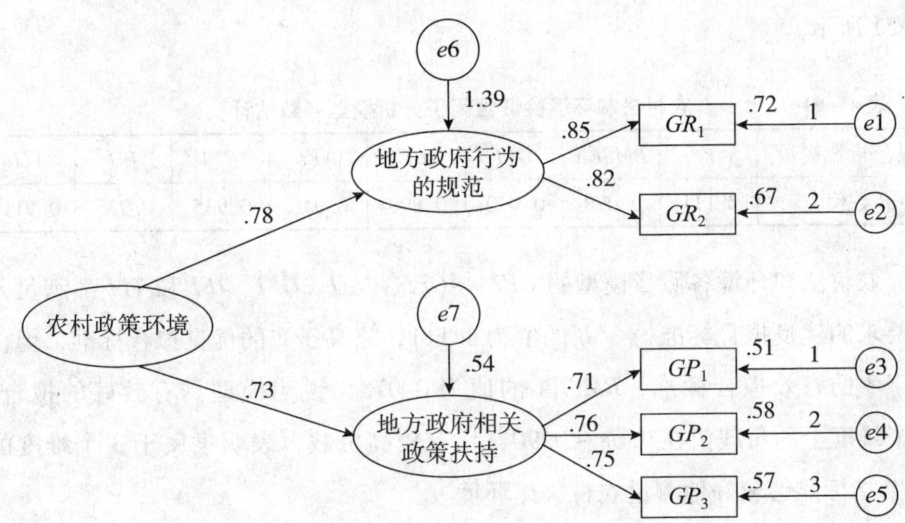

图 4－5　农村政策环境验证性因子分析模型

表 4-50　　农村政策环境验证性因子分析模型参数估计

拟合指数变量	χ^2/df	*RMSEA*	*GFI*	*AGFI*	*NFI*	*CFI*	*IFI*	*TLI*
数值	2.187	0.062	0.991	0.965	0.989	0.993	0.993	0.982

农村政策环境各测量模型的 *RMSEA*、*GFI*、*AGFI*、*NFI*、*CFI*、*IFI* 和 *TLI* 的值都大于0.9，满足条件要求的优良拟合标准，χ^2/df 的值为2.187，略高于2的优良拟合标准，说明模型具有较好的拟合；各个维度上的负载值在0.71～0.85，负载值较高，表明隶属于2个维度的5个指标能够较好地测量农村政策环境。

由此我们较好地验证了如下假设：

H3：农村政策环境受地方政府行为的规范和地方政府相关政策扶持所影响。

Ⅳ. 农村法律环境

农村法律环境包括三个维度共10个题项，其中2个题项用于测量农村法制建设，5个题项用于测量农村法律执行效率，3个题项用于测量农村法律执行公正性。通过验证性因子分析得到的估计参数和可观测残差结果如图4-6和表4-51所示。

表 4-51　　农村法制环境验证性因子分析模型参数估计

拟合指数变量	χ^2/df	*RMSEA*	*GFI*	*AGFI*	*NFI*	*CFI*	*IFI*	*TLI*
数值	2.111	0.078	0.940	0.899	0.916	0.935	0.935	0.911

农村法律环境各测量模型的 *GFI*、*AGFI*、*NFI*、*CFI*、*IFI* 和 *TLI* 都满足条件要求的优良拟合标准，χ^2/df 的值为2.111，略高于2的优良拟合标准，但仍低于3的有效拟合标准，*RMSEA* 的值为0.078，说明模型具有较好的拟合；各个维度上的负载值在0.68～0.90，均有较高负载，表明隶属于3个维度的10个指标能够较好地测量农村法律环境。

由此我们较好地验证了如下假设：

H4：农村法律环境受法制建设、法律执行效率和法律执行公正性的影响。

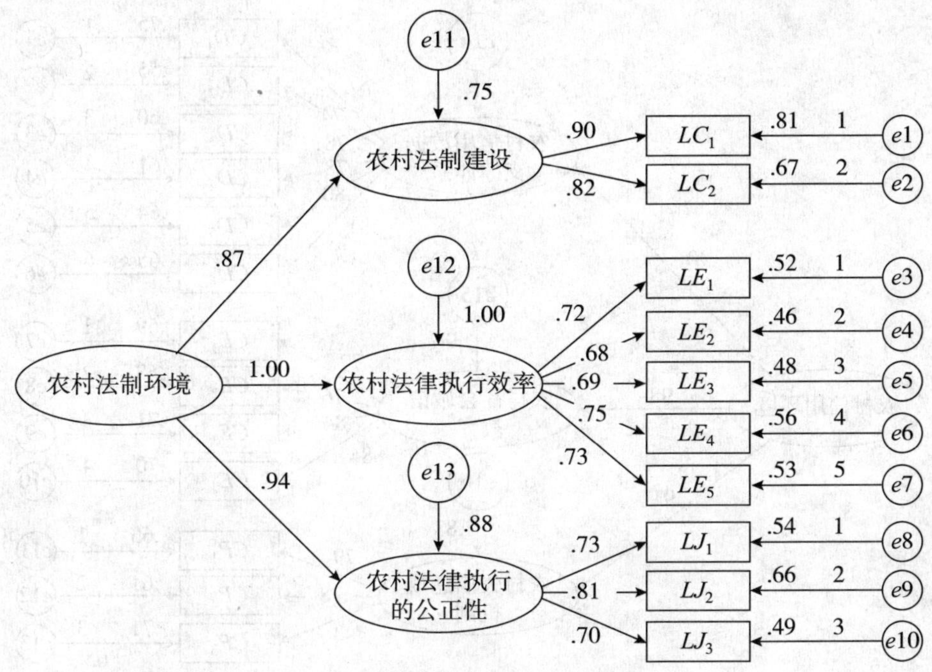

图 4－6　农村法制环境验证性因子分析模型

Ⅴ. 农村信用环境

农村信用环境包括三个维度共 13 个题项，其中 6 个题项用于测量农村信用数据支撑体系，4 个题项用于测量农村社会诚信教育，3 个题项用于测量农村社会失信惩戒机制。通过验证性因子分析得到的估计参数和可观测残差结果如图 4－7、表 4－52 所示。

表 4－52　　农村信用环境验证性因子分析模型参数估计

拟合指数变量	χ^2/df	*RMSEA*	*GFI*	*AGFI*	*NFI*	*CFI*	*IFI*	*TLI*
数值	2. 122	0. 072	0. 933	0. 903	0. 932	0. 953	0. 953	0. 941

农村信用环境各测量模型的 *GFI*、*AGFI*、*NFI*、*CFI*、*IFI* 和 *TLI* 都满足条件要求的优良拟合标准，χ^2/df 的值为 2. 122，略高于 2 的优良拟合标准，但仍低于 3 的有效拟合标准，*RMSEA* 的值为 0. 072，表面该模型具有较好的拟合；各个维度上的负载值在 0. 74～0. 87，均有较高负载，表明隶属于 3 个维度的

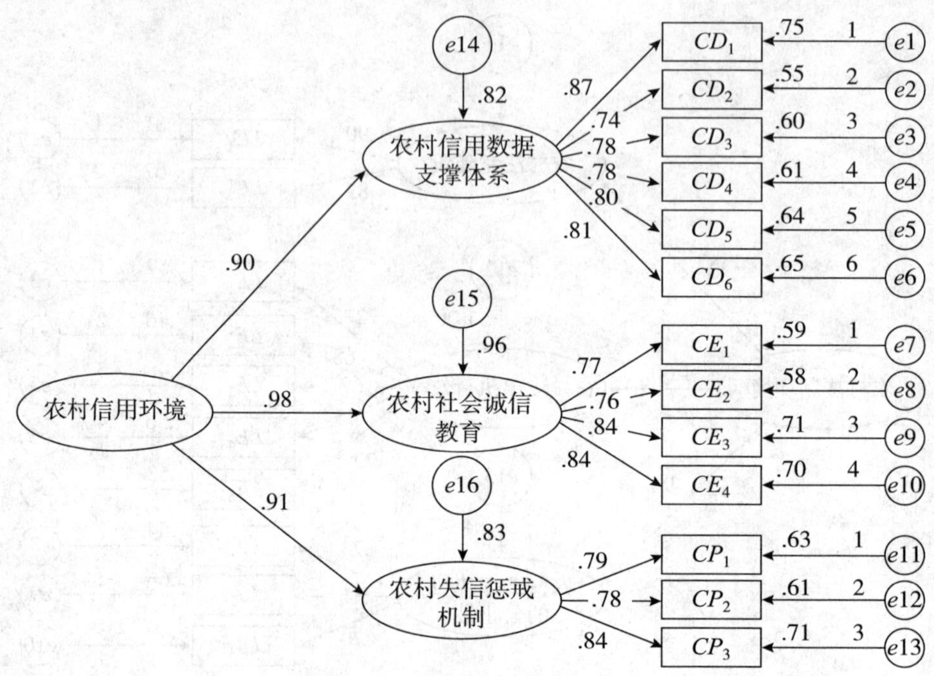

图 4－7　农村信用环境验证性因子分析模型

13 个指标能够较好地测量农村信用环境。

由此我们较好地验证了如下假设：

H5：农村信用环境受农村信用支撑体系、农村社会诚信教育和农村社会失信惩戒机制所影响。

4.3.3　假设检验与结果分析

本书运用 AMOS7.0 软件对农村金融生态环境各子系统与村镇银行脆弱性的关系进行结构方程分析，以检验前文提出的假设，得出的参数结果如表 4－53 所示。

表 4－53　　研究假设检验结果

各变量对村镇银行脆弱性的影响	标准化路径系数	t 值	P 值	假设是否得到支持
农村经济环境	0.30	2.326	**	支持

续 表

各变量对村镇银行脆弱性的影响	标准化路径系数	t 值	P 值	假设是否得到支持
农村经济发展状况	0.332	4.927	***	支持
农村市场经济可持续性	-0.046	-0.820	0.412	不支持
农村金融环境	0.22	1.679	*	支持
农村金融运行状况	0.020	4.370	***	支持
农村金融发展水平	0.309	4.917	***	支持
农村金融效率	0.025	0.445	0.656	不支持
农村金融市场结构	-0.019	-0.101	0.920	不支持
农村政策环境	0.26	3.620	***	支持
地方政府行为规范	0.159	2.294	*	支持
地方政府相关政策扶持	0.182	3.117	**	支持
农村法律环境	0.04	0.388	0.698	不支持
农村法制建设	0.047	0.465	0.642	不支持
农村法律执行效率	0.035	0.615	0.538	不支持
农村法律执行公正性	-0.060	-1.039	0.299	不支持
农村信用环境	0.49	7.656	***	支持
农村信用数据支撑体系	0.257	4.473	***	支持
农村社会诚信教育	0.219	3.824	***	支持
农村社会失信惩戒机制	0.186	3.226	***	支持
拟合优度指标	χ^2/df = 2.14 RFI = 0.532 CFI = 0.630		RMSEA = 0.078 NFI = 0.551 IFI = 0.632	

注：*** 表示 $P<0.01$，** 表示 $P<0.05$，* 表示 $P<0.1$。

根据上述结果，χ^2/df 值为 2.14，小于 3，非常理想，绝对拟合指标 *RMSEA* 值为 0.078，小于 0.08 的最高上限；相对拟合指标 *RFI* 值为 0.932，*NFI* 值为 0.951，*CFI* 值为 0.930，*IFI* 值为 0.932，均大于 0.9，符合标准。

1. 农村经济环境

从假设检验的结果来看，农村经济环境中农村市场经济可持续性对村镇银行脆弱性的影响并不显著，这可能是由于农村经济可持续发展能力的指标更多的是关注农村经济未来的发展潜力，而村镇银行普遍成立不久，未来发展战略、经营管理模式还处在探索阶段，因此这部分影响并不能马上体现出来。农村经济基本状况影响着农村企业和农户的借款和偿还能力，良好的农村经济基本状况有利于形成农村资金借贷市场的良性循环，从而有利于村镇银行的可持续发展。

2. 农村金融环境

从假设检验结果来看，农村金融环境中的农村金融效率和农村金融市场结构对村镇银行脆弱性影响并不显著。究其原因如下：农村金融效率体现了农村市场上储蓄向投资的转化程度，但目前农村金融市场缺乏储蓄向投资的转化途径，且农户的投资意识也普遍不强，资金外流现象严重，农村金融效率一直普遍较低且短期内难以有较大改观，因此对村镇银行脆弱性影响未能体现出来。我国农村金融市场结构一直比较落后，农业信贷风险保障机制还很不完善，且农村金融市场主要由农信社主导。但作为配套市场环境，农村金融市场体系对村镇银行的发展并无直接影响，因此在结果中未能得到体现。

3. 农村政策环境

从假设检验结果来看，农村政策环境及各因素均对促进村镇银行可持续发展有显著正向影响。政府是金融制度的供给者，相比一般的金融机构而言，村镇银行的经营管理更易受当地政府政策的影响。地方政府行为的规范性和给予的村镇银行的相关政策扶持能够给村镇银行的健康发展创造良好的政策环境。

4. 农村法律环境

研究结果表明，农村法律环境及其 3 个维度均未通过假设检验，这表明农村法律环境对村镇银行的脆弱性影响不显著。原因可能是多方面的：目前，我国农村法制建设整体比较落后；农户法律意识不强，法律的保障作用无法

得到充分发挥，即使一些法律已经裁决的案件，由于各方面的原因在农村也很难最终执行，弱化了法律的效果。因此，农村法制建设、农村法律执行效率以及农村法律执行公正性对村镇银行脆弱性的改进效果并不显著。

5. 农村信用环境

从假设检验结果来看，农村信用环境及其3个部分均对村镇银行脆弱性有显著性影响，这表明良好的农村信用环境有利于降低村镇银行的脆弱性。对于村镇银行来说，信用脆弱是其面临的主要脆弱之一。目前，我国村镇银行的不良资产比例较高，这是村镇银行脆弱的首要特征。良好的农村信用环境为村镇银行健康发展提供了信用保障，可以防止失信行为的发生。具体地，农村信用支撑体系为信用管理提供了物质基础，农村社会诚信教育体系从思想层面防止失信行为的发生，农村社会失信惩戒机制是守信的有力保障。

4.4　本章小结

村镇银行的健康发展有利于构建竞争性的农村金融市场体系。农村金融生态环境是村镇银行生存和发展的环境基础，良好的农村金融生态环境有利于降低村镇银行的脆弱性。本书根据理论和文献分析，对农村金融生态环境的构成属性进行了探讨，并通过实地访谈和问卷调查，运用结构方程模型，对农村金融生态环境及其属性构成与村镇银行脆弱性的关系进行了实证检验，研究结果表明，除了农村经济环境中农村市场经济可持续性、农村金融环境中的农村金融效率和农村金融市场结构、农村法律环境及其3个维度对村镇银行脆弱性的影响未得到支持外，其他因素的改善均对降低村镇银行脆弱性有显著正向影响。研究结论对于探讨促进村镇银行可持续发展的途径有着重要的现实意义。

5 制度安排与村镇银行脆弱性

金融作为一种虚拟经济，其本质是一种制度工具，用以降低实体经济的交易成本。村镇银行作为针对农村金融体系的一项制度安排，是在制度供给极不充分的环境中建立和发展起来的，其本身就是制度的聚合体，自身的制度安排和外界的制度环境都会影响其可持续发展的能力。本书从村镇银行的市场准入制度、外部的市场约束制度以及危机舒缓制度三个方面来探讨村镇银行脆弱性生成的制度因素，目的是为寻求建立促进村镇银行可持续发展的金融机制。

5.1 市场准入制度与村镇银行脆弱性

为了规范村镇银行的发展，国家从发起人、持股比例和股东资格以及注册资本等方面对村镇银行的准入制度进行了详细的规定。考虑到村镇银行的特殊性，其制度设计与普通商业银行相比存在差异，但在某些制度设计方面的不完善容易引发各种问题，导致其脆弱性。

5.1.1 村镇银行主发起人选择面过窄

村镇银行对于发起人有特殊的安排。按照《暂行规定》的要求，村镇银行的发起人或出资人至少存在一家银行业金融机构，这表示非银行业内的企业法人或自然人不得单独成立村镇银行。作为一种新型的农村金融机构，村镇银行并没有现成的组织框架和运作模型可以借鉴，因此，对发起人所作的

制度安排使村镇银行能够利用发起机构在经营管理上的优势和经验，减少风险，但同时这种制度安排也制约着村镇银行的发展。由于发起行必须是经银监会授权的银行，这就将具有竞争实力的非银行类的金融机构排除在了制度安排之外，使得发起人的选择面过于狭窄，这不仅有碍农村金融市场上的公平竞争和择优录取的原则，也影响了村镇银行的后续融资和经营。根据银监会的发展计划，2009—2011 年村镇银行将增加到 1027 家，但截至 2012 年 3 月底，全国共组建村镇银行 740 家，制约其发展的一个重要因素就是如何寻找数目众多的合适的发起行。在 2009 年设置 312 家村镇银行的计划中，因为发起人难寻，实际设置的只有 44 家。同时，为了解决商业银行不愿去中西部和贫困地区设立村镇银行的问题，银监会实行挂钩准入制度。按照措施规定，主发起人在规划内的全国百强县或大中城市市辖区发起设立村镇银行的，与国家扶贫开发工作重点县实行 1∶1 挂钩，或与中西部地区实行 1∶2 挂钩，主发起人在这些地区没有分支机构的可以设立分支机构；在东部地区（全国百强县、国定贫困县和大中城市市辖区除外）规划地点发起设立村镇银行的，与国定贫困县实行 2∶1 挂钩，或与中西部地区实行 1∶1 挂钩，主发起人在这些地区没有分支机构的可以设立分支机构。这种政策可能会打击发起人的积极性，进一步影响村镇银行的整体发展。

5.1.2 持股比例与股东资格的限制过严

由于村镇银行的特殊性，在《暂行规定》中，村镇银行的股东设置与股东资格也被明确规范。村镇银行的股权设置要满足《中华人民共和国公司法》的相关规定；村镇银行的最大股东或者唯一股东必须为银行类金融机构，该股东的持股比例不可低于总股本的 20%；单个自然人与关联方股东的持股比例不可高于总股本的 10%；非银行单一金融机构及其法人或关联方的持股比率不可超过总股本的 10%；当单位或者个人持股欲超过总股本 5% 时，必须上报到银监局分局或该城市的银监局。

在股东资格方面，对于村镇银行，《暂行规定》从各方面对投资主体做了相应规定，如下表所示。

村镇银行股东资格

境内金融机构	境外金融机构	境内非金融机构企业法人	境内自然人
商业银行资本充足率不低于8%监管指标 符合监管要求	银行业金融机构资本充足率应达到其注册地银行平均水平且不低于8%，非银行金融机构资本总额不低于加权风险资产总额的10%； 最近一年年末总资产原则上不少于10亿美元	在工商管理行政部门登记注册，具有法人资格； 有良好的社会声誉、诚信记录和纳税记录	有完全民事行为能力； 有良好的社会声誉和诚信记录
财务状况良好，最近2个会计年度连续赢利 入股资金来源真实合法 公司治理良好，内部控制健全有效	财务稳健、资信良好，最近2个会计年度连续赢利； 入股资金来源真实合法； 公司治理良好，内部控制健全有效	财务状况良好，入股前上一年度赢利； 年终分配后，净资产达到总资产的10%； 入股资金来源合法； 不得以借贷资金入股，不得以他人委托资金入股	入股资金来源合法； 不得以借贷资金入股； 不得以他人委托资金入股
银监会规定的其他审慎性条件	注册地国家（地区）金融监管制度完善； 注册地国家（地区）经济状况良好； 银监会规定的其他审慎性条件	有较强的经营管理能力和资金实力； 银监会规定的其他审慎性条件	银监会规定的其他审慎性条件

持股比例和股东资格在很大程度上决定着村镇银行的股权构成，对后续的融资和经营也会产生影响。《暂行规定》对村镇银行的持股比例和股东资格的规定在规范其发展的同时，也容易造成村镇银行内部股权的高度集中，股权结构呈现出大型金融机构的“一股独大”或者“绝对控股”，容易产生内部人员控制问题，危害了村镇银行的实际运行。根据实际的调查结果显示，

村镇银行的股权主要集中在少数法人大股东之手，且大股东的数量一般都在5家以下，民营和个人股本所占比例较低，这种产权制度上的缺陷容易造成“所有者的缺位”，使得制度运行的成本过高。按照《公司法》的相关规定，大股东可以控制整个村镇银行的经营管理，因此在村镇银行内部无法形成有效的制约关系。此外，监督银行经营状况的成本和收益的不对称损害了小股东监督的积极性，退出机制的不完善也使得小股东缺乏“用脚投票”的市场监督机制。

同时，由于行为主体和产权主体的分离以及产权主体的缺位，使得村镇银行内部的委托代理问题和“内部人控制”现象严重，行为主体缺乏为产权主体谋求最大利益的激励机制。而由国内商业银行作为主发起人成立的村镇银行存在的问题更多。由于国有商业银行自身存在的所有者缺位的问题，当其作为村镇银行的发起人和最大股东后，会将原有的弊端带入，导致村镇银行所有权的界定会变得更加模糊，管理层可能会成为事实上的所有者，加剧了内部人控制的局面。此外，由于村镇银行经营的地域性、分散性等特征，熟悉当地情况的民间资本的介入虽然能在一定程度上解决信息不对称问题，但这种对股权比例和股东资格的严格限制阻止了有实力的企业或个人的进入，打击了民营资本参与的积极性，这不仅影响了村镇银行后续的融资能力，同时也不利于发挥民间资本熟悉本地情况、便于开展业务的优势，影响后续的经营管理。

5.1.3 注册资本偏低

在注册资本方面，村镇银行的市场准入制度较低。按照2001年颁布的《暂行规定》，县（市）开设的村镇银行的注册资本不可少于300万元；乡（镇）开设的村镇银行的注册资本不得低于100万元。在这种低门槛的政策的鼓励和扶植下，村镇银行发展迅速，越来越多的村镇银行涌入农村金融市场。虽然从理论上来说，低准入门槛有利于竞争性的市场结构的建立，但根据传统的银行规模经济理论，银行的单位成本会随着银行规模的扩张而下降、单位收益会上升。因此，村镇银行的数量扩张并不是意味着质量的提高，根据Salop（1979）模型我们可以看得更清晰。

考虑一个总长度为1的圆，圆周均匀分布 N（$N=1, 2, 3, \cdots, n$）家银行，同时，存在集中分布着若干个存款人的一个圆，全部存款人用D表示且每个存款人1现金禀赋。存款人将现金存入银行，银行将存款投资于回报率为 r 的无风险资产。因为存款人将现金存入银行，所以存在运输成本，运输成本是存款人和银行之间距离的一个比例。

当 N 家银行均匀分布于圆上，此时是处于对称的位置且两银行间距为 $1/n$；当存款人位于两银行之间时，最短距离为 $1/2n$。此时，

总运输成本为：$2n\int_0^{1/2n} \alpha x D \mathrm{d}_x = \dfrac{\alpha D}{4n}$

假定创设一个银行的成本为 F，要使社会福利最大化，即最小创立成本和运输成本时的最优银行数量：$\min\left(nF + \dfrac{\alpha D}{4n}\right)$

对 n 求一阶导数得到：$F - \dfrac{\alpha D}{4n^2} = 0$，此时的最优银行数量为 $n^* = \dfrac{1}{2}\sqrt{\dfrac{\alpha D}{F}}$。

当市场准入条件较少或者没有时，银行业可以视为完全自由竞争行业。此时，银行业 n 家银行设定各自的存款利率分别为 r_D^1，r_D^2，$\cdots$，r_D^n 同时进入市场，为了达到运输成本最小化，这些银行均匀分布于一个圆上。上面的推断指出当存款人处于两家银行中间且存款利率和运输成本相同时，银行的存款才能达到稳定。计算边际存款人和银行之间的距离如下：

$$r_D^i - \alpha \hat{x}_i = r_D^{i+1} - \alpha\left(\frac{1}{n} - \hat{x}_i\right)$$

得到：$\hat{x}_i = \dfrac{1}{2n} + \dfrac{r_D^i - r_D^{i+1}}{2\alpha}$，$\hat{x}_{i-1} = \dfrac{1}{2n} + \dfrac{r_D^{i-1} - r_D^i}{2\alpha}$

相应地，银行 i 吸收的存款总量为：$D_i = |\hat{x}_i - \hat{x}_{i-1}|D = \left(\dfrac{1}{n} + \dfrac{2r_D^i - r_D^{i+1} - r_D^{i-1}}{2\alpha}\right)D$

由上可知：$r_D^{n+1} = r_D^1$，$r_D^n = r_D^0$

于是，银行获得利润：$\pi_i = D(r - r_D^i)\left(\frac{1}{n} + \frac{2r_D^i - r_D^{i+1} - r_D^{i-1}}{2\alpha}\right)$

为使 π_i 最大化，有：$\frac{\alpha}{n} + \frac{2r_D^i - r_D^{i+1} - r_D^{i-1}}{2}$

明显，上述方程存在唯一解：$r_D^1 = \cdots = r_D^n = r - \frac{\alpha}{n}$

同时，每家银行都获得相同利润：$\pi_1 = \cdots = \pi_n = \frac{\alpha D}{n^2}$

在没有准入限制时，由上可推出银行数量 n^{**}为：$n^{**} = \sqrt{\frac{\alpha D}{F}}$

明显，$n^{**} = 2n^*$，即没有准入条件限制时，最优银行数量将是原来的2倍，也就是说将产生过多的银行。这意味着我们应正确看待和思考当前某些地方村镇银行迅速发展的情况。一般而言，金融机构必须要拥有一定规模的客户群体，这是其持续生存的物理空间，当市场上过多的金融机构涌入时，势必会抢夺客户资源，市场的过度竞争削弱了金融机构的营利性，使得金融机构自我维系的最基本收入来源将难以获得。这就意味着低准入门槛将大大降低村镇银行的特许权价值，降低其审慎经营的激励从而增加村镇银行的风险倾向，影响其可持续发展能力。

5.2 市场约束制度与村镇银行脆弱性

市场约束（Market Discipline）是市场自动发挥对银行的约束作用的机制。市场约束机制作用的发挥是通过公开披露信息、代理权竞争约束、股权转让机制约束和对有问题金融的处置制度来实现。按照马尔科姆·奈特的观点，有效的市场约束维护金融机构稳定运行、促进经济体良好发展的一个不可或缺的因素。严格的市场约束会通过提高对风险和收益不匹配的交易的融资成本来引导资金在风险权衡下进行最优配置。同时，市场约束还能将风险收益严重不匹配的公司推向死亡，以遏制稀缺资源的浪费和市场上过度承担风险的行为（马尔科姆·奈特，2004）。一直以来，我国农村金融市场的市场化程度不高、市场约束机制不健全，不利于村镇银行的稳定经营和健康发展。

5.2.1 公开披露信息制度不完善

信息不对称不仅存在于银行和贷款人之间，也存在于债权人和银行之间，银行相对于债权人具有更多的信息优势，会隐藏行动和隐藏信息，存款人将资金存入银行后，无论是对资金的运用情况还是经营管理人员的能力和尽职情况都无法彻底了解清楚。公开信息披露制度是有效的市场约束的前提，现已成为国际银行业加强监管的一个重要原则，是强化对金融机构的市场约束，健全公司治理，维护银行股东、存款人和其他利益相关者的利益的重要手段。有效的市场约束要求信息准确、全面和及时，这样才能及时暴露问题，以避免风险的堆积。按照《巴塞尔新资本协议》规定，银行必须定期公布风险状况与资本水平等相关信息，市场中的参与者根据这些信息来判断银行的风险状况及防御风险的能力，同时这样的市场约束才会有效。

长期以来，我国银行业的信息披露机制一直不完善，信息披露的范围和深度以及真实性、规范性等方面，都与《新巴塞尔资本协议》的要求有一定距离。对于村镇银行的信息披露要求更低，主要是针对村镇银行且并未公开，还仅限于银监局等监管部门要求的信息披露。从内容来看，信息披露以财务成果为主，缺乏对经营状况和经营风险的披露。从时间上来看，信息披露滞后，不便于公众及时了解银行状况。同时，披露形成也不规范：村镇银行的信息披露主要是面向上级管理机关和大股东，其他利害关系人无法了解全面的信息，对存款人的信息披露更多是以宣传、广告的性质，几乎未涉及会计信息，且由于各种主客观因素，村镇银行的会计信息存在失真的问题。

5.2.2 代理权竞争约束机制无法发挥作用

代理权竞争是对村镇银行经营者的选拔机制，是激励和约束经营者的重要手段之一。清晰完善的产权制度和充分竞争的经理人市场是这种机制能够

发挥作用的两个基本前提。只有产权制度清晰，所有者才会对自己的行为后果真正承担起责任，从而约束自己的风险行为；充分竞争的经理人市场能够激励现任经营者努力提高经营效益，以保住自己的职位。但目前对于村镇银行来说，产权制度和经理人市场的缺陷使得这种外部的激励约束机制无法充分发挥作用，易导致经营管理的弊端，滋生脆弱性。

5.2.3 缺乏有效的股权转让机制

根据新制度经济学的观点，在完善的产权交易机制的体系下，即使产权的初始状态没有达到最佳配置，通过产权的自由交易仍可使资源配置达到最佳。产权市场上的股权转让是促使金融机构提高绩效的重要手段。因为经营绩效差的机构容易成为被收购的对象，一旦控股股东的地位被他人所取代，股权的变更会带来经营管理层的调整，从而激励经营管理者提高绩效。对于民有的股东来说，只要收购价格足以弥补他们持有股权的收益，股权的转让就是一种理性的选择。但我国的村镇银行有很大部分是由国有银行发起设立的，国有银行只有控制权而没有剩余索取权，银行所有权的转让会使其丧失控制权收益，因此，即使收购方开出很高的价格，国有股权的控制者也没有转让股权的激励。同时，我国村镇银行不是上市银行，外部力量难以通过资本市场上的收购兼并实现对村镇银行的接管。事实上，对于中国目前的村镇银行来说，除了政府的行政命令，几乎没有被兼并收购的压力，因此，银行的股权转让这种外部的市场约束机制基本没有作用。

5.2.4 对问题金融机构的处置未遵循“权利与责任对称、收益与风险对称”原则

从国外经验来看，紧急救助措施、债务重组和市场退出是对有问题金融机构的主要处理方式。但由于我国长期以来的经济体制，对问题金融机构的处理主要是银监局和央行一手操办，虽然也尝试了接管、并购等多种方式，但主要还是银监局通过行使金融监管权力来解决有问题金融机构的处置问题。

对一些净资产已为负值的机构，要么政府担保免于破产，要么采取关闭、破产等极端的处理手段，这种通过行政手段来处置有问题的金融机构的方式，虽然立竿见影，但成本高、道德风险严重。由于出资人和经营者未承担经营失败带来全部的损失，权力与责任不对称，收益和风险不平衡，这种示范效应造成了整个市场上较高的道德风险。同时，目前我国金融市场交易主体间的风险分摊机制善未建立，缺乏有效的风险分摊机制来化解风险。

虽然村镇银行出现不久，即使出现一些问题，也还尚在可解决范围内，但对有问题金融机构处置制度的缺陷也会带来潜在的隐患。当村镇银行的所有者和经营者看到，即使出现问题也不需承担全部的损失时，会激励其采取更为冒险的行动，这种示范效应造成了整个市场上较高的道德风险。

5.3 危机舒缓制度安排与村镇银行脆弱性

存款保险制度（Deposit Insurance）和中央银行的最后贷款人制度（The Lender of Last Resort）是金融系统中两种最主要的危机舒缓机制，是现代金融安全网的重要组成部分。存款保险制度主要是通过对存款者的保护来降低银行挤兑风险，最后贷款人制度则是向发生困境的银行提供救助以防止危机的蔓延和深化。两者虽然都可以缓解危机的破坏性，维护金融体系的稳定，但不当的操作会给金融机构带来新的问题。

5.3.1 存款保险制度与村镇银行脆弱性

1. 存款保险制度概述

存款保险制度是保护存款利益和维护金融稳定的重要制度，分为显性（Explicit）存款保险制度和隐性（Implicit）存款保险制度。显性存款保险制度是指国家用法律的形式明确规定存款保险机构设置和对有问题银行的处置。1933 年美国设立了联邦存款保险公司（FDIC）以挽救当时濒临破产的银行体系，成为最早建立显性存款保险制度的国家。自此之后，随着金融制度的完

善和金融创新的深化，美国的存款保险制度不断完善。自20世纪70年代以来发生了一系列的银行危机和货币危机后，显性存款保险制度在全球迅速发展，1974年建立显性存款保险制度的国家为12个，到2003年时增加到了74个。隐性存款保险制度是指当银行面临危机时政府或货币当局提供救助并保护存款者得到偿付，但它并不是一种明确的制度安排，它依靠的是政府或货币当局的信用作为保障，不存在具体的保险基金，也不需要缴纳保费。由于并无制度或法律上的根据，因此当发生危机时，政府对哪些金融机构提供保护以及如何保护方面都具有完全的相机决策权。隐性存款保险制度是一种事后生效的脆弱性舒缓制度，它更多的存在与发展中国家或国有银行占主导的银行体系，这些国家虽然没有明确的存款保险制度，但公众普遍预期银行发生危机时政府会采取某种形式的救助，以保护存款人的利益。

2. 我国隐性存款保险制度与金融稳定

存款保险制度可以降低银行挤兑风险，促进金融机构的稳定发展。但由于隐性存款保险制度的诸多缺陷，其在增加银行业稳定性的同时也加深了银行业的脆弱性。诸多学者的研究表明，隐性存款保险制度会增加金融系统脆弱性。Gropp 和 Vesala（2001）选择欧盟作为样本，通过时间序列分析发现，在隐性存款保险制度下，银行道德风险水平更高。夏斌和范建军（2004）研究表明，造成我国银行业不良贷款率居高不下的一个重要的原因就是因为隐性存款保险制度强化了金融企业的道德风险动机。

一直以来，我国实行的是隐性存款保险制度，这在金融结构比较单一且金融风险不突出的情况下是可行的，但随着金融市场的不断发展，其诸多缺陷也开始显现，损害了金融系统的稳定性。

（1）首先，由于并没有明确的规定，隐性存款保险制度带有随意性和模糊性，当某家金融机构出现问题时，参与挤兑仍是公众的最优策略，不能有效地维护公众的信心。

（2）隐性存款保险制度加深了原有的存款人—银行—借款人的委托代理关系中的信息不对称，强化了金融市场上的道德风险。显性存款保险制度有明确的游戏规则，通过将保险费率与风险相联系，可以抑制银行的冒险行为。但在隐性的存款保险制下，金融机构预期不需承担经营失败的全部成本，往往会为了获得更高的利润而采取更为冒险的投资行为，导致收益和风险的制衡关系失灵，不利于金融机构风险约束机制的建立。同时，在隐性存款保险制度下，存款人知道即使银行破产也不会完全遭受损失，从而缺乏收集信息和监督银行的动力，因此在交易中就不会对金融中介机构进行谨慎选择，"用脚投票"机制失灵。

（3）隐性存款保险制度蕴藏较大的清偿风险。一般来说，隐性存款保险制度虽无强制性要求，但随意性较大，政府实际承担了无限责任。在中国现行的隐性存款保险制度下，国家不仅对国有商业银行进行保护，对股份制银行、农村信用社、村镇银行的存款也给予一定程度的保护，一旦多家金融机构发生危机，政府可能会缺乏足够财力进行担保，隐藏着较大的清偿风险。与显性存款保险制度依靠市场机制来防止银行挤兑发生不同的是，隐性存款保险制度中的政府行为受到政府财务的制约。自改革开放以来，国家已动用数百亿央行再贷款为倒闭的上百家小型金融机构埋单，造成了沉重的财政负担。更为严重的是，政府的隐性担保会使市场的逆向选择和道德风险更为严重，造成的后果是使出现问题的银行机构的市场退出变成一种政府行为，带来极大的社会成本。

3. 我国隐性存款保险制度与村镇银行的脆弱性

银行是经营信用的特殊行业，具有明显的规模经济和规模效益的特征，公众普遍预期到大银行会得到更多的扶持和保护。隐性存款保险制度对村镇银行脆弱性的影响主要通过以下几个机制发生作用。

（1）隐性存款保险制度下政府对大银行的偏爱和保护以及公众普遍存在的"大而不倒"（too - big - to - fail）的信念，使得小银行普遍面临公众信心不足的问题，存款从小银行流向大银行，使得小银行在竞争中处于不利地位，这一点对于村镇银行尤为突出。村镇银行自成立之初就普遍规模较小，且面向的客户都是农村企业和农户，风险承受能力不强，对信用风险尤为敏感。

因此，虽然他们希望在村镇银行获得贷款，但存款时却倾向于大银行，这使得村镇银行的资金缺口加大，不利于稳健经营。

（2）由于道德风险，存款保险制度降低了村镇银行持有高风险资产的边际成本。为优化资产配置和实现最佳收益风险比，村镇银行会增加高风险资产的比例，这不仅会引发信用风险，还会加剧流动性风险。

（3）存款保险制度对存款者利益的保护能力有限。在隐性存款保险制度下，存款人虽然已形成政府会对发生危机的银行存款人的利益给予保护的预期，但并不会明确知道自己的存款利益是否能得到保障，以及在什么程度上得到保障。对于村镇银行的存款人来说，对此更是缺乏信心，一旦周围有风吹草动便会加入挤兑行列。因此相对而言，村镇银行面临更高的挤兑风险。尤其在大规模的系统性银行危机中，由于存款人预计赔付能力无法满足对所有银行的赔付，政府会无力顾及村镇银行这种小规模的银行，将使其暴露在更大的挤兑风险中。

5.3.2 最后贷款人制度与村镇银行脆弱性

1. 最后贷款人制度概述

最后贷款人制度就是当危机发生时，政府或货币当局履行最后贷款人的职能，对银行提供救助。1797 年巴林爵士首次提出最后贷款人的概念，此后经过理论的不断发展和实践的完善，最后贷款人的制度安排几乎成为所有央行的共识——由中央银行承担阻止银行业流动性危机、防范系统性金融风险发生的贷款人机制成为现有金融发展状态下的最优制度安排（中国人民银行西安分行课题组，2006）。因为银行在现代金融体系中承担着信用供给和货币创造的重要职能，具有公共品的特征。一旦出现银行危机或发生银行破产，金融系统中的信用关系链条和融资功能会遭到破坏，甚至可能会导致金融体系的崩溃和经济衰退，带来极大的社会成本。这种负外部性使得政府或货币当局不得不对陷入困境的银行施以援手，以防止危机的蔓延，维护金融体系的稳定。事实证明，最后贷款人制度对于极端条件下的流动性供给，缓解机构和市场压力，维护金融系统稳定性方面起到了重要作用。作为一种事后的危机舒缓制度，与存款保险制度不同的是，它并不是通过弥补金融机构破产来保护存款人的利益，而是通过对危机金融机构给予低利贷款来满足临时性的资金需求，保证商业银行的最后清偿力。

2. 我国最后贷款人制度与村镇银行脆弱性

最后贷款人制度一直都被视为一个国家金融体系的最后一道安全防线，对于稳定存款人信心、避免危机的传导有着积极的作用。我国最后贷款人制度一直都是隐性存在，以偿付性救助为主要特征，以再贷款为主要形式。

（1）最后贷款人制度加深了农村金融市场的逆向选择。为了保证中央银行拥有相机抉择的能力，我国的最后贷款人在政策制定和决策过程中上主要是采取“保密”原则进行操作，中央银行对是否救助问题银行的态度是模糊的，在选择救助对象时具有较大的决策随意性，没有明确的救助标准，对于应拯救何种类型的机构、机构发生危机的程度都没有明确规定。根据Goodhart，Huang（1999）提出的“太大而不能倒”模型，只有规模超过一定标准的银行才可能在危机中得到中央银行的最后援助，因为中央银行认为大银行对金融系统的稳定性方面比中小银行更有影响力。若公众形成此预期，将不利于村镇银行存款的吸收，因为村镇银行普遍规模较小，当公众预期发生支付危机时中央银行不会对村镇银行提供援助时，在做出储蓄选择时会倾向于大银行，从而影响村镇银行的流动性。

（2）最后贷款人成为“最后埋单人”，加深了预算软约束。最后贷款人制度为村镇银行创造了预算软约束条件，弱化了破产对股东和管理层的约束性，可以使村镇银行免受市场惩戒机制的制约。为了提高银行的利润以及实现自身的激励目标，管理层通常会采取更加冒险的行动，从而导致经济运行体系中的逆向选择和道德风险的盛行。同时，在实际操作过程中，最后贷款人并无统一的救助标准，这进一步加深了最后贷款人制度的软预算约束。在预算软约束的条件下，最后贷款人制度内生于整体的相互交错的软预算约束体系之中。由于村镇银行缺乏有效的市场退出途径，一旦发生问题，中央银

行将尽可能对其进行救助，因为救助带来的损失的责任是有限的，不救助的责任是无限的，中央银行因此过多地承担了某些政府职能，最后贷款人蜕变为“最后埋单人”，实际上相当于为整个金融体系提供了显性或隐性的担保，这种担保反之又会加重预算的软化，进一步增加了村镇银行的脆弱性。

（3）最后贷款人制度带来了较高的社会成本。我国的金融风险处置程序是“一事一报，严格审查，国务院批准”，政府的过多干预削弱了中央银行的实际决策权。实际上，政府对最后贷款人的决策权具有垄断性。在这种情况下，大银行尤其是国有银行可以通过与政府的特殊关系“倒逼”中央银行进行救助，而因救助不良债权而产生的债务倒逼中央银行通过增发货币来解决，可能会带来通货膨胀问题。且政府一般都是“稳定偏好者”，政府出于维护政局稳定和追求政绩的考虑会放松救助的条件和标准，即使最后贷款人干预的未来成本可能会远远高于当期收益，但由于政策制定者的任期较短，使其在决策时往往考虑的是使经济短期运行达到最优而采取干预措施，中央银行在最后贷款人决策权上的丧失会导致货币政策的独立性也被大大削弱。此外，我国目前的最后贷款人制度，在法律定位、制度构成要素以及决策执行方面都几乎处在完全模糊的状态。最后贷款人制度被滥用于各种类型的失败金融机构，这些再贷款实际上是将不良贷款货币化，带来了巨大的社会救助成本，从而将金融体系的风险转嫁给了整个社会，降低了社会福利水平。以上方面都会恶化村镇银行生存和发展的外部环境，引发其脆弱性。

5.4 本章小结

本章从村镇银行的市场准入制度、市场约束制度以及危机舒缓制度三个方面探讨了村镇银行脆弱性的形成的制度因素。

（1）国家从发起人、持股比例和股东资格以及注册资本等方面对村镇银行的准入制度进行了详细的规定。由于发起人制度的限制，使得村镇银行的发起人选择过窄；对持股比例和股东资格的限制，可能会带来村镇银行内部

“一股独大”的现象，而过低的注册资本的要求降低了村镇银行的特许权价值，降低其审慎经营的激励从而增加村镇银行的风险倾向，影响其可持续发展能力。

(2) 市场约束是防止金融脆弱性的防线，具体通过公开披露信息、代理权竞争约束、股权转让机制约束和对有问题金融的处置制度来实现。我国针对村镇银行的信息披露机制尚不健全，产权制度、经理人市场和股权转让机制的缺陷使得外部的激励约束机制无法充分发挥作用，易导致经营管理的弊端，滋生脆弱性。对问题金融机构的处置未能实现权责的，村镇银行的管理者会倾向于采取更为冒险的行动，带来道德风险。

(3) 基于公众普遍存在的“大而不倒”的信念，在我国实行的隐性存款保险制度和最后贷款人制度下，村镇银行普遍面临公众信心不足的问题，加剧了流动性脆弱，同时隐性存款保险制度的实施还带来了道德风险。此外，最后贷款人制度加深了农村金融市场的逆向选择，最后贷款人成为“最后埋单人”，加深了预算软约束，并带来了较高的社会成本，导致其脆弱性。

6 经营管理与村镇银行脆弱性

村镇银行作为农村地区的区域性小型经济组织，在经营管理方面有其特殊性。由于村镇银行普遍规模较小且成立时间不长，在农户中的认可度不高，吸储能力较弱，易导致贷款能力差和流动性的不足。由于贷款对象主要为农村企业和农户，普遍存在抵押品的不足、贷款风险较大和交易成本高等问题。村镇银行的主要收入来源于传统的存贷业务，中间业务严重缺乏，这种业务结构的单一化削弱了村镇银行的赢利能力，加剧了风险的集中。这些无疑都会影响村镇银行的可持续发展，导致脆弱性。本章基于村镇银行管理经营的微观视角，从吸储能力、信用增进模式、贷款定价、业务结构、风险管理五个方面，探索村镇银行脆弱性形成的微观根源，以探讨促进村镇银行可持续发展的有效途径（见图6－1）。

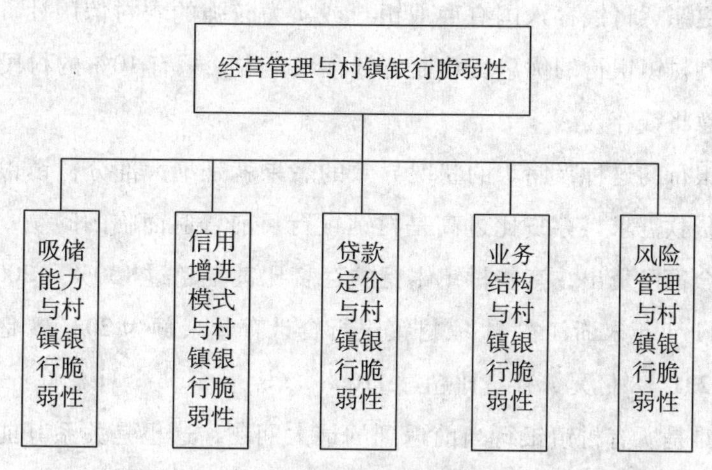

图6－1 经营管理与村镇银行脆弱性关系

6.1 吸储能力与村镇银行脆弱性

全国村镇银行普遍面临着由于成立时间短、规模小所带来的存款吸储难题。据已有数据显示，截至2009年6月，全国村镇银行的存款余额130亿元，仅占同期全国金融机构存款余额总量的0.022%。此外，与村镇银行所属地的农村存款总量相比，其存款规模依然较小。咸丰常农商村镇银行和仙桃农商行村镇银行分别为湖北省2007年成立的六家村镇银行中存款规模最大和最小的一家。但据已有资料显示，截至2008年9月，此所谓的最大和最小规模，分别仅占当地农村存款总量的7.83%和0.78%。并且，这种存款吸储难题即便在经济发达地区也屡见不鲜。根据浙江银监局的数据显示，截至2012年4月，浙江长兴村镇银行吸储14亿元，系浙江所有村镇银行中规模最大的，情况稍好的村镇银行吸储规模一般在2亿~3亿元，有些村镇银行甚至半年只吸收3000多万元存款。

村镇银行是小型金融机构，市场体量相对弱小，与大银行和当地农信社相比还存在很大差距，在吸储方面处于劣势。根据某试点地区村镇银行的调查显示：80%的村民担心村镇银行的资金安全而不愿将钱存入其中，相比之下，他们更愿意将钱存入国有商业银行或实力较强的农村信用社。10%的村民为了得到村镇银行的优惠贷款而将钱存入其中，只有10%的村民认同村镇银行且愿意将钱存入。

村镇银行的这种吸储难的状况导致的后果就是绝大部分村镇银行的存款很难满足贷款需求，存贷比过高是村镇银行目前普遍面临的问题，许多村镇银行的本金都已贷出，有些村镇银行的存贷比甚至超过150%~200%。数据显示，2011年年末浙江省41家村镇银行合计存款余额为208.78亿元，贷款余额则达231.18亿元，存贷比超过110%。

吸储难是所有村镇银行当前遇到的最大问题，这也是关系其能否生存的另一个关键问题。没有存款自然就无法贷款，村镇银行也就无法运转。从调

查统计数据看，目前几乎所有村镇银行的存款都依赖于地方政府给予支持的对公存款，占其存款总额的90%左右。而对银行发展至关重要的个人、企业存款很少，占其存款总额超过10%的很少。吸储的多少决定着放贷能力的大小，若储蓄较少，则易导致存贷比较高，影响业务发展，同时因缺乏足够的流动性，村镇银行难以扩张分支机构，规模难以扩大。

信誉的缺乏是导致村镇银行“吸储难”的根本原因。作为一种新兴银行，村镇银行成立时间普遍较短，没有过往的经营管理业绩可以参考，农村居民对其缺乏了解，在加上有效宣传手段的缺失以及金融服务的不完善，使得村镇银行的认可程度普遍不高，在吸储上难以与国有商业银行和农信社进行抗衡。且村镇银行背靠农村，资本规模较小，抗风险能力差，农村居民对其普遍持怀疑的态度。更有甚者将村镇银行直接等同于“私有银行”，盲目低估其可靠性。同时，网点少也是村镇银行吸收存款能力弱的原因。村镇银行普遍只存在1~2个网点，而且也没有加入银联系统，即使是简单的存、取款业务也不能在其他银行的ATM机上完成，农民只能到网点办理业务，这给客户造成诸多不便，导致部分潜在客户的流失。另外，村镇银行虽以独立的商业化银行存在，但其系统依然孤立在人民银行征信系统以外，没有自身的金融机构联行号，其结算也是通过代理行来完成，并且无法办理诸如清算与汇兑等业务。同时村镇银行目前使用的业务处理系统主要还是依靠简单的内部网络，未能与外界相关机构和发起行实现网络连接，影响了业务的正常开展，这种业务上的局限性阻碍了村镇银行对存款的吸收，限制了村镇银行存款的增长。为解决村镇银行资金来源问题，银监会允许进行同业拆借，但拆借期限一般都较短，最长也不超过3个月，且与同期存款利息相比，拆借利息极高。考虑到“三农”业务的普遍高业务成本，村镇银行运用同业拆借资金放贷的利润空间将极其有限，因此一般情况下村镇银行都不愿意进行同业拆借。据统计，除了北京延庆村镇银行因为一次大额支付而向同业拆借过二三百万元，多数村镇银行都没有像同业借款的案例。如果无法从同业拆借获取银行流动性，村镇银行也就存在资金短缺的困难。

村政银行的吸储弱势与其强烈放贷需要成为矛盾体，这导致的资金供求不对称，将引发流动性风险。许多村镇银行都存在备付金比率过低的现象。由于受制于有限贷款规模及预期利润指标，村镇银行只能通过压缩备付金比率来有效利用资金。这样日常备付金率将长期在低位游走，当存款方出现波动，就有产生流动性风险的可能。同时由于农村经济特征，非稳定性存款的集中度很高。部分村镇银行不合理的存款结构，较少的固定与稳定存款，无规律的资金进出，大额单户短期存款集中度偏高，使得备付资金量难以把握，如若备付金留存过多，则无法充分利用资金，降低银行效益；若保留得过少，发生几笔大额存款兑付后，备付金就会不足。此外，作为新型银行的一种，村镇银行普遍声誉不旺，当发生资金吃紧与头寸不足的情况时，储户容易形成村镇银行支付无力的不利信息，信息经过迅速传播，该行将陷入短时间挤兑困境。当出现资金来源紧张又或备给头寸不足等情况时，支付能力不足的不利信息将大肆在存款人中蔓延。一旦储户开始到银行挤兑现金，流动性风险必然暴露。尚局限的业务结构也易催生村镇银行的流动性不足。目前，村镇银行业务系统查询功能尚不完善，同时各行也鲜有综合查询或财务查询等外挂系统，资金集中度、存贷款结构及其到期时日、当日资金进出情况、上日大额资金进出详细记录都无法从业务系统获取，这将使银行无法记录资金的历史运动轨迹，并无法有效预测资金未来运行趋势。这种情况下，当大额预期外资金流出时，银行便措手不及的暴露在流动性风险当中。由预期外或突发性事件导致的流动性风险的影响面广泛，银行轻则出现资金周转不顺，无法开展贷款业务，重则影响到未来声誉，威胁到银行存亡。

村镇银行在吸储方面的局限严重限制了其自身的放贷能力。按照规定，对一个客户的贷款额度不得超过资本金的5%，由于自身资金有限，这样的贷款额度很难吸引到较大的优质客户来办理业务，限制了村镇银行的赢利水平的提高，村镇银行的贷款客户很多是被其他金融机构筛选过的，优质客户并不多。

此外，按照《村镇银行管理暂行规定》，村镇银行在交足存款准备金后，其可用资金应全部用于当地农村经济建设。村镇银行发放贷款应首先充分满足县域内农户、农业和农村经济发展的需要，确已满足当地农村资金需求的，其富余资金可投放当地其他产业、购买涉农债券或向其他金融机构融资。但实际上运行中，由于村镇银行注册资本较少，吸储能力有限，缺少资金来开展多样化的投资，加剧了风险的集中。

6.2 信用增进模式与村镇银行脆弱性

6.2.1 村镇银行的信用增进现状

信用增进，是指采取一定措施让个人或是企业的信用提高，以便金融活动中能顺利筹措到资金。个人或企业通常会由于资产不够优质、信用不够明晰等原因导致融资困难，这时就需要靠第三方机构提升自身信用品质，即信用增进。信用增进分为外部增进和内部增进两种形式。内部增进一般都是企业根据资产支持证券化的投资风险不同，将资产划分为不同的级别，以满足不同投资者的需求。外部信用增进主要是指资产抵押质押和担保机构提供担保。

以村镇银行为代表的村镇银行面向的借款对象主要是用于扩大农业生产或个体企业发展的农户，鉴于贷款群体的经济实力薄弱，所以在业务开展的初期，村镇银行在贷款申请者的抵押、质押、担保等信用增进方面采取了较为宽松的要求。对于小额贷款公司，相关法律则明确规定“不能办理房地产抵押登记”。

我国第一批村镇银行于2007年3月初成立，包括四川省仪陇惠民村镇银行、吉林省东丰诚信村镇银行、吉林磐石融丰村镇银行在内的三家村镇银行正式挂牌开业。其中，融丰村镇银行不要求外部担保机构提供担保，5户联保（互保）或上下游企业担保就可以申请到贷款，且均无须实物抵押；仪陇惠民村镇银行将贷款分为小额农户、微小企业、专业农户三类，不超过2万元的小额农户只凭信用、无须担保即可获得贷款；其他几家同时开业的村镇银行也对担保和抵押做了非常宽松的要求甚至零要求。其后，2009 年 3 月成立的湖南省第一个村镇银行——湘乡市村镇银行采取的是“土地承包经营权流转收入质押贷款”等“宽松抵押”的信用增进模式，该行还正在陆续探索以大中型农机具、大宗农副产品、林权、采矿权、海域使用权、应收账款和符合条件的动产等宽松的抵押担保创新模式。成立于 2009 年 7 月的渣打银行在华首家村镇银行——内蒙古和林格尔渣打村镇银行有限责任公司，对于农户小额贷款业务采用的是无抵押贷款模式等。成立于 2009 年 12 月的、郑州首家为“三农”量身定做的村镇银行——中牟郑银村镇银行采取的“银行 + 担保公司 +3 户联保”的信用增进模式。此外，汇丰村镇银行也推出个人无抵押小额贷款产品——“贷得乐”，并在湖北随州曾都汇丰村镇银行、重庆大足汇丰村镇银行等运行实施。

灵活创新的担保抵押方式和相对宽松的信用增进模式，固然会解决农户和农村企业因业务、生产具有很强的季节性而经常面临现金流波动的问题，有效地为“三农”建设提供金融支持。然而，站在金融机构风险的立场考虑，确有必要综合考量创新性的宽松信用增进模式是否对村镇银行的脆弱性造成影响。下文拟以博弈理论为基础，分析不同信用增进情形下村镇银行的风险状况和赢利能力，探讨导致村镇银行脆弱性的原因。

6.2.2 无信用增进下的博弈分析

假设村镇银行与借贷农户之间就贷款、还款展开博弈，记村镇银行向借款农户发放的贷款本金数额为 A，且为一次性支付，村镇银行的贷款利息率记为 r，贷款期限为 t，则期末的利息总额为 Ae^{rt}（按照连续复利计算）。简单用符号 S 代表农户，用符号 B 代表村镇银行。

那么，在借款农户没有担保、没有抵押品和质押品等信用增进手段的情况下，二者展开博弈的情形如图 6 - 2 所示。

在贷款决策之初，村镇银行面临着贷款给农户和不贷款给农户两种决策

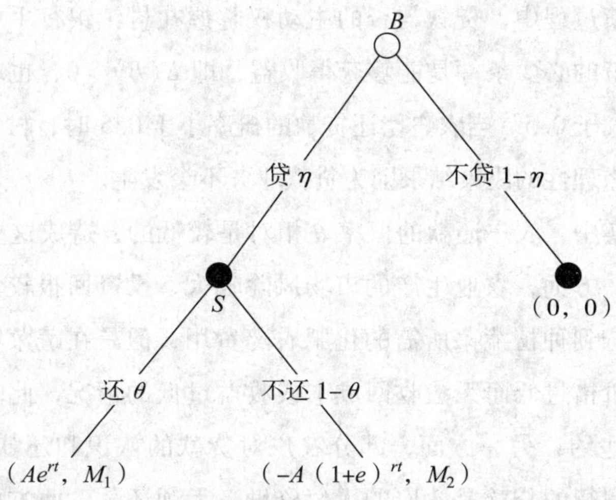

图6－2　无信用增进下村镇银行与农户间的博弈分析

选择，假设双方借贷行为发生的概率为η，那么村镇银行不贷款给农户的概率即为$1-\eta$。则双方博弈分析为：如果村镇银行不把款项借贷给农户，那么农户将获得不了任何收益，村镇银行同样也得不到收益，当然双方也没有出现违约损失，所以博弈结果为（0，0）；如果村镇银行选择了借贷款项给农户，那么款项借贷给农户以后，农户面临着还款和不还款两种选择，与以上类似的，本书记农户还款的概率为θ，那么不还款的概率就是$1-\theta$。如果农户还款，那么村镇银行将获得利息收入Ae^{rt}，而农户因为获得了资金而满足了金融需求，因此也获得正的收益，记为M_1；如果农户不还款，那么村镇银行将损失本金和利息共$A(1+e)^{rt}$，而借款农户将获得满足金融需求的正收益，记为M_2，需要说明的是，本书认为$M_2>M_1+A(1+e)^{rt}$，因为不还款的农户不仅获得了满足最初金融需求的收益M_1和未偿还的本息$A(1+e)^{rt}$，而且用这部分未偿还的本息可以获得另外的收益δ（$\delta>0$）。

在该博弈模型当中，农户的期望收益为：

$$E(S)_1=\eta\times[\theta\times M_1+(1-\theta)\times M_2]$$

村镇银行的期望收益为：

$$E(B)_1=\eta\times[\theta\times Ae^{rt}-(1-\theta)A(1+e)^{rt}]=(2\theta-1)\eta Ae^{rt}$$

在贷款决策过程中，贷款与否的主动权掌握在村镇银行手中，而村镇银行做出贷款决策的必要条件是能够获得收益，即 $E(B)>0$，也就是农户还款的概率为 θ 要大于 0.5。当农户偿还贷款的概率小于 0.5 时，村镇银行的收益将是负值，那么理性的决策结果即为贷款业务不会发生。

在经济现实中，农户还款的概率 θ 相对是较低的，造成这一现象的原因主要有两个：一方面，农业生产的市场风险较大，投资回报较低，如农户通过村镇银行借贷到种植蔬菜所需的化肥农药费用，但是在蔬菜产出之后，经常会出现市场价格过低而无法收回成本或收益过低的情况，此时便不可避免地会出现贷款违约；另一方面，部分农户对贷款的认识和还款的意识不足，甚至认为村镇银行的贷款是政府的无偿资助，无须还款。两方面的原因导致农户的还款概率较低，而村镇银行面临的客户群体大部分为此种还款概率低下的农户，所以出于获益和正常运转的目的，村镇银行在即使明知还款概率低的情况下，也不得不向农户发放贷款，这导致村镇银行不可避免地承担了较大的风险。

6.2.3 完全担保抵押下的博弈分析

部分村镇银行在开展信贷业务时，并非完全不做任何增信要求，而是部分抵押或互保。考虑有担保或抵押而且抵押物的价值可以将贷款额度完全覆盖的极端情形，那么，村镇银行与借款农户之间就贷款还款行为的博弈情形如图 6-3 所示。

此博弈过程与无担保情形下的博弈相类似，所不同的是，在借款农户违约发生时，村镇银行有两种选择：一是变现担保的财产或要担保人偿还；二是对担保或抵押财产不变现。如果村镇银行选择担保财产变现，假设变现后的价值为 C，那么村镇银行此时的收益为 $C-A(1+e)^n$，此时农户的收益记为 M_3；如果村镇银行不将担保变现，那么将净亏损本息共 $A(1+e)^n$。此时农户的收益依旧是 M_2。从这种情况可以看出，村镇银行的最优选择是将担保（抵押）资产变现以收回部分财产。

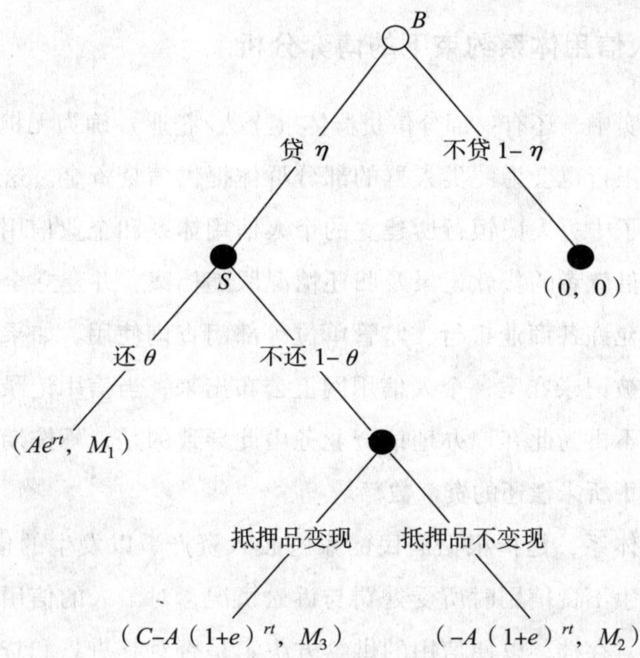

图6-3 完全担保抵押下村镇银行与农户间的博弈分析

在这种情形下，村镇银行的期望收益为：

$$E(B)_2 = \eta \times [\theta \times Ae^{rt} + (1-\theta)(C - A(1+e)^{rt})]$$

$$= (2\theta - 1)\eta Ae^{rt} + \eta C(1-\theta)$$

农户的期望收益为：

$$E(S)_2 = \eta \times [\theta \times M_1 + (1-\theta) \times M_2]$$

对农户来讲，他是很清楚村镇银行的最优策略的，因此村镇银行的变现抵押财产威胁是可置信威胁，这样，农户在第二阶段的最优选择是选择偿还贷款。因为还款与不还款两种情况下村镇银行的加权收益为正值，所以村镇银行在第一阶段的选择是选择贷款。

然而，不得不指出的是，由于农户和涉农企业的经济实力有限，其所提供的担保资产或质押物、抵押物的价值一般较低、流动性一般很差，这容易导致金融机构在将这些担保资产变现后仍难以覆盖所提供贷款的本息总额。这也就进一步损害了村镇银行的赢利能力等功能的发挥，加剧了其脆弱性。

6.2.4 纳入信用体系约束下的博弈分析

在经济现实中，还有一部分信贷群体（个人/企业）确为无担保、抵押能力，但是商业银行也会为此类人群的部分群体提供信贷资金。这是因为商业银行普遍采用了中央人民银行所建立的个人信用体系和企业信用体系，这些信用体系会将借款者的贷款记录及归还情况跟随档案，并建立全国联网的信用查询系统，允许各商业银行、监管单位等部门查询使用。如果借款者不归还贷款，就会被记录在案，个人信用网上公布出来，当信用记录过低时，所有商业银行将不再为此客户办理信贷业务由此导致的是，不按期还款所带来的损失将远大于所未偿还的资金数额。

个人信用体系，是指根据居民的家庭收入资产、以发生的借贷与偿还、信用透支、发生不良信用时所受处罚与诉讼情况，对个人的信用等级进行评估并随时记录、存档，以便信用的供给方决定是否对其贷款和贷款多少的制度。企业信用体系，就是指通过社会各方的密切配合和对信用中介机构进行市场化管理与运作，逐步建立和完善涉及企业信用的一系列法律法规、评价技术、组织形式以及相应的管理制度。完善的企业信用体系能为社会提供充分的、透明的、完整的信用信息产品系列，满足各市场参与方的需要。企业征信是指在对市场参与主体的信用记录、经营情况、财务状况等诸多因素进行分析研究的基础上，对其信用能力进行的综合评价，主要是对其偿债能力及其可偿债程度的分析。

如果村镇银行也将信用体系约束纳入信贷业务，那么在有信用体系约束情形下，村镇银行与贷款者之间的博弈过程如图 6-4 所示。

在这种情形下，如果借款者不按时还款，那么个人信用体系中就会增加一笔不良记录，在有限几次的不良记录之后，该借款人将永久失去借贷资格，因此本书将其不还款而受到信用体系惩罚之后的收益设定为 $-\infty$；而村镇银行在起用个人信用体系后，虽然借款者并没有归还当期本息 $A(1+e)^n$，但是村镇银行了解了此客户的信用状况较差，避免了在以后的信贷开展中再向此

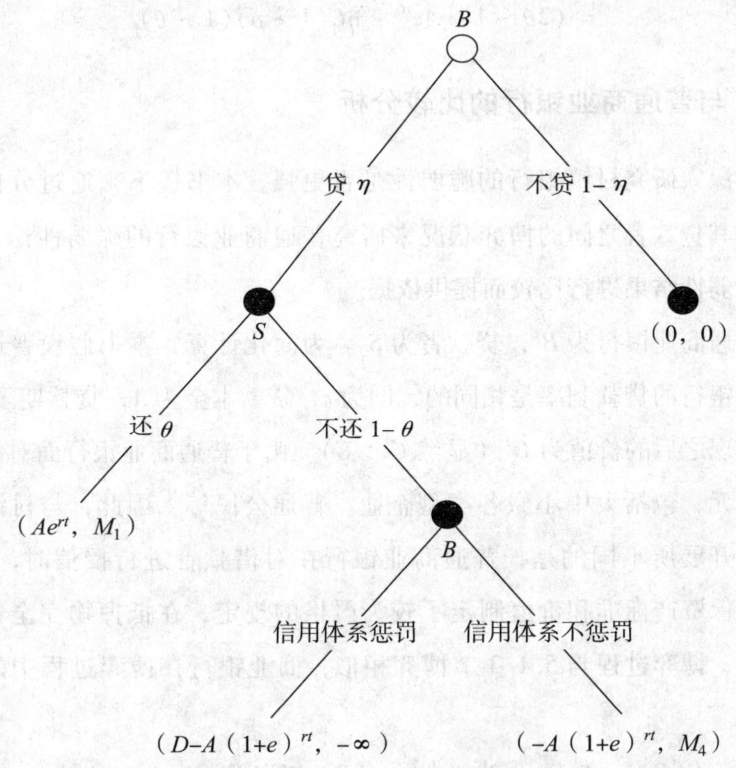

图 6-4　有信用约束下的商业银行与贷款者间的博弈分析

人放贷而蒙受损失，因此村镇银行也获得了一定的潜在收益 D，因此其博弈树如图 6-4 所示。在这种情形下，村镇银行的期望收益为：

$$E(B)_3 = \eta' \times [\theta' \times Ae^{rt} + (1-\theta')(D - A(1+e)^{rt})]$$
$$= (2\theta - 1)\eta' Ae^{rt} + \eta' D(1-\theta')$$

综上研究，村镇银行在业务开展过程中，对于额度较小的农户贷款不予担保要求，对于额度较大的农户或涉农企业一般有担保要求，而且当前国家还没有把征信体系纳入村镇银行。因此，假设村镇银行无担保要求的信贷总额比例为ρ，那么有担保要求的信贷总额就占到了 $1-\rho$。在这种情况下，村镇银行的期望收益为：

$$E(B) = \rho E(B)_1 + (1-\rho)E(B)_2$$
$$= \rho(2\theta - 1)\eta Ae^{rt} + (1-\rho)[(2\theta - 1)\eta Ae^{rt} + \eta C(1-\theta)]$$

$$= (2\theta - 1)\eta Ae^{rt} + \eta C(1 - \rho)(1 - \theta)$$

6.2.5 与普通商业银行的比较分析

为了深入研究村镇银行的脆弱性是否更强，本书接下来通过分析普通商业银行与其贷款者之间的博弈状况来研究普通商业银行的脆弱性，为与村镇银行的脆弱性结果进行比较而提供依据。

记普通商业银行为 B'，贷款者为 S'。为简化计算，本书假设普通商业银行与村镇银行的贷款利率是相同的，同为 r，贷款本金为 A，贷款期限为 t，担保资产变现之后的价值为 C'（显然 $C' > C$）。由于普通商业银行面对的客户群体较为多元，包括大中小微各类型企业、普通公民等，因此，与村镇银行的信贷业务开展所不同的是，普通商业银行在对借款者进行授信时，对抵押、质押和担保资产标准和价值制定了较为严格的规定，在抵押物完全覆盖贷款的情形下，博弈过程与 5.1.3 节博弈相似，商业银行在博弈过程中的期望收益为：

$$\begin{aligned} E(B)_1^* &= \eta' \times [\theta' \times Ae^{rt} + (1 - \theta')(C - A(1 + e)^{rt})] \\ &= (2\theta - 1)\eta' Ae^{rt} + \eta' C'(1 - \theta') \end{aligned}$$

除去抵押和担保等外部增信方式以外，商业银行在信贷业务开展过程中，普遍采用个人信用体系和企业信用体系。有信用体系约束下，商业银行与贷款者之间的博弈如 5.1.4 节，在这种情形下，商业银行的期望收益为：

$$\begin{aligned} E(B)_2^* &= \eta' \times [\theta' \times Ae^{rt} + (1 - \theta')(D - A(1 + e)^{rt})] \\ &= (2\theta - 1)\eta' Ae^{rt} + \eta' D(1 - \theta') \end{aligned}$$

假设商业银行无担保要求但要归入个人信用系统的信贷总额比例为 ρ'，那么有担保要求的信贷总额就占到了 $1 - \rho'$。商业银行的期望收益为：

$$\begin{aligned} E(B)^* &= \rho' E(B)_1^* + (1 - \rho') E(B)_2^* \\ &= \rho'[(2\theta' - 1)\eta' Ae^{rt} + \eta' D(1 - \theta')] + (1 - \rho')[(2\theta - 1)\eta' Ae^{rt} + \\ &\quad \eta' C'(1 - \theta')] \end{aligned}$$

$$= (2\theta' - 1)\eta' A e^{rt} + \eta'(1 - \theta')(D\rho' - C'\rho' + C')$$

基于风险和赢利的功能视角，以两类金融机构的期望收益差异来比较它们的脆弱性：

$$E(B)' - E(B) = [(2\theta' - 1)\eta' A e^{rt} + \eta'(1 - \theta')(D\rho' - C'\rho' + C')] - [(2\theta - 1)\eta A e^{rt} + \eta C(1 - \rho)(1 - \theta)]$$

两者的期望收益已经纳入了两者在信贷业务开展过程中的风险，两类金融机构在信贷开展的全过程中，存在差异的变量主要是担保质押资产的变现价值 C、C'和借款用户的还款意愿概率 η 与 η'，对比分析如下：

在其他变量相同的情况下，$E(B)' - E(B) = \eta(1 - \theta)[(1 - \rho)(C' - C) + D\rho]$，因为商业银行的担保变现价值 C' 显然高于村镇银行的担保变现价值 C，而且 D 大于 0，因此 $E(B)' - E(B)$ 显然大于 0，也就是商业银行的赢利能力要强于村镇银行。并且，C 与 C'的差值越大，二者赢利能力的差异越大。

在其他变量都相同的情况下，记 $X = (2\theta - 1)Ae^{rt}$，$Y = C(1 - \rho)(1 - \theta)$，$\delta = D\rho(1 - \theta)$，则 $E(B)' - E(B) = \eta' X + \eta'(Y + \delta) - \eta X - \eta Y$，因为商业银行借款者的还款概率 η'大于农户的还款概率 η，因此 $E(B)' - E(B)$ 显然大于 0。而且，η'与 η 的差值越大，二者赢利能力的差异越大。

比较分析的结果表明，村镇银行与普通商业银行相比，承担了更多来自贷款客户的风险，赢利能力也显著性的较差。从金融机构的功能发挥来看，也就是说，村镇银行更加具备脆弱性特征。

从借贷主体之间的博弈过程及结果分析可以看出，金融机构脆弱性主要来源于金融机构授信的外部性。具体而言，村镇银行更强的脆弱性的根源在于，村镇银行的借款者（农户）还款能力与还款意识更低下、借款者的担保资产变现价值更低，以及缺乏相应的个人信用体系的信用约束。

6.3 贷款定价与村镇银行脆弱性

贷款定价是影响信贷资源配置的核心因素，直接影响着金融机构的赢利水平和市场竞争力。在村镇银行的经营管理过程中，贷款业务是其核心业务与实现赢利的有效手段，因此探讨村镇银行贷款竞价能力与脆弱性的关系以及对最优贷款定价策略的选择将具有重要意义。

6.3.1 村镇银行贷款定价简介

据统计，截至2012年3月，全国已有655家村镇银行获准开业，已开业的村镇银行共吸纳股金422亿元，资产总额达2653亿元，存款总额为1758亿元，各项贷款余额达到1751亿元，其中投向农村小企业和农户的贷款比例为96.8%，初步实现了将农村资金留在农村，用以服务“三农”的目的。

由于农民普遍收入水平不高，对债务的承受能力较弱，村镇银行在贷款利率的制定上要兼顾各方面的因素。从理论上来说，由于农村地区风险较高，运营成本也比较高，需要贷款利率稍高，才能充分覆盖风险。当在实际运行中，出于和当地农村信用社竞争的需要，通常村镇银行贷款利率水平大多低于当地农村信用社。例如，吉林省东丰诚信村镇银行为种植农户发放的1年期万元以下贷款利率为8.37%，这比当地农村信用社同期贷款利率低1.71个百分点。

6.3.2 贷款竞价能力与脆弱性

假定一家村镇银行 M_1 与一家普通商业银行 M_2 就某农业企业 B 的借款展开竞争，记贷款总额为 D。一个基本的假定是两家银行不合谋，且企业总是选择贷款利率低的银行去获得贷款。村镇银行与普通商业银行在信息披露和成本控制方面是有差异的，若两者同时采取高成本策略，那么定价记为 r_{hh}；若同时采取低成本策略，那么定价记为 r_{ll}，此时其相对利润（或称之为剩余利润）都为0。若一家高一家低，那么记高的利率为 r_{hl}，低的利率为 r_{lh}。金融机构的定价取决于其花费的成本和所处的信息状况，基于此，考虑其信息特征和成本特征的差异，做以下的博弈分析。

此两家金融机构将会进行一个二阶段博弈：在初始时刻 t_0，两家银行都

就自己的信贷业务作出战略规划、决定成本控制方式，也就从而确定了自己所属的成本高低类型。而这些信息是非公开的，在完全市场情况下，只有自身知道自己的战略选择。无论是村镇银行还是商业银行，其选择低成本战略的概率都是 θ_0，那么选择高成本战略的概率就是 $1-\theta_0$，这些信息都是公开的。由于监管的原因，普通商业银行 M_2 需要披露一系列信息，记他们在 t_1 时刻披露信息的质量为 i_A（记高质量信息为 i_h，低质量信息为 i_l），这些信息当中就含有成本的相关信息。在 M_1 看到 M_2 的信息后，认定 M_2 采取了低成本战略披露高质量信息的概率为 γ，认为采取了高成本战略披露高质量信息的概率为 ρ，其中，两者均属于［0.5，1］的范围，且若两者均为 0.5，说明所披露的信息没有任何价值。张宗新（2007）的研究表明，企业业绩越好的时候所披露的信息质量越高，基于其研究结论，本书假设 $\gamma>\rho>0.5$。那么在 t_2 时刻，M_1 和 M_2 同时做出贷款的定价。

在 M_2 没有披露其信息时，那么包括成本信息在内的信息都是私有的，只有概率分布是公开的；而在其披露相关信息后，M_1 可以根据 M_2 披露的信息对 M_2 的成本战略做出后验推断。根据贝叶斯逆概率公式，可以求出 M_1 在 M_2 披露信息以后对 M_2 的成本战略类型的推断，如表 6－1 所示。

表 6－1　M_1 对 M_2 成本战略类型的贝叶斯后验推断

M_1 的后验判断	M_2 选择（$i_A=i_h$）	M_2 选择（$i_A=i_l$）	M_2 选择（$i_A=0$）
$P(M_2=M_h)$	$\frac{\rho(1-\theta_0)}{\rho(1-\theta_0)+\gamma\theta_0}$	$\frac{(1-\rho)(1-\theta_0)}{(1-\rho)(1-\theta_0)+(1-\gamma)\theta_0}$	$1-\theta_0$
$P(M_2=M_l)$	$\frac{\gamma\theta_0}{\gamma\theta_0+\rho(1-\theta_0)}$	$\frac{(1-\gamma)\theta_0}{(1-\gamma)\theta_0+(1-\rho)(1-\theta_0)}$	θ_0

在以上贝叶斯后验推断的基础上，根据利润最大化的基本原则来制定贷款利率。那么，在 M_1 选择高成本战略时，那么其最优贷款定价是，所取得的利润就是 0；当 M_1 选择低成本战略时，那么其定价时会根据 M_2 的战略选择而进行决策：如果 M_2 是以 $P(M_2=M_h)$ 的概率选择高成本战略，则 M_1 会以

$P(M_2=M_h)$ 的概率选择 r_{lh}，那么 M_1 的期望利润是 $\Pi_{lh}>0$；如果 M_2 是以 $P(M_2=M_l)$ 的概率选择低成本战略，则 M_1 会以 $P(M_2=M_l)$ 的概率选择 r_{ll}，那么 M_1 的期望利润是0。总结而言，M_1 的贷款决策和期望利润情况如表6－2所示。

表6－2　　　　M_1 的贷款定价和期望利润

M_1	M_2 选择（$i_A=i_h$）	M_2 选择（$i_A=i_l$）	M_2 选择（$i_A=0$）
$E(r_{ll})$	$(1-\theta_0)\ r_{hl}+\dfrac{\theta_0^{\ 2}}{\theta_0+(1-\theta_0)\dfrac{\rho}{\gamma}}+\dfrac{(1-\theta_0)\ \theta_0}{1-\theta_0+\theta_0\dfrac{\gamma}{\rho}}$	$(1-\theta_0)\ r_{hl}+\dfrac{r_{ll}\theta_0}{\theta_0+(1-\theta_0)\ \dfrac{(1-\rho)}{(1-\gamma)}}+\dfrac{(1-\theta_0)\ \theta_0 r_{hh}}{1-\theta_0+\dfrac{\theta_0\ (1-\gamma)}{(1-\rho)}}$	$(1-\theta_0)\ r_{hl}+\theta_0^{\ 2}r_{ll}+(1-\theta_0)\ \theta_0 r_{hh}$
Π_{lh}	$\dfrac{(1-\theta_0)\ \theta_0\Pi_{lh}}{1-\theta_0+\theta_0\gamma/\rho}$	$\dfrac{(1-\theta_0)\ \theta_0 r_{hh}\Pi_{lh}}{1-\theta_0+\theta_0\ (1-\gamma)\ /\ (1-\rho)}$	$(1-\theta_0)\ \theta_0\Pi_{lh}$

记 $\alpha_2=\dfrac{1}{\theta_0+(1-\theta_0)\ \gamma/\rho}>1$，$\alpha_3=\dfrac{1}{1-\theta_0+\theta_0\gamma/\rho}<1$，不失一般性，记 $\alpha_1=1$。同样地，记 $\beta_2=\dfrac{1}{\theta_0+(1-\theta_0)\ (1-\gamma)\ /\ (1-\rho)}<1$，$\beta_3=\dfrac{1}{1-\theta_0+\theta_0\ (1-\gamma)\ /\ (1-\rho)}>1$，$\beta_1=1$。将这些简化的代数式代入到表6－2中，得到 M_1 的贷款定价：

$$\begin{cases}\alpha_1(1-\theta_0)r_{hh}+\alpha_2\theta_0^{\ 2}r_{ll}+\alpha_3(1-\theta_0)\theta_0 r_{lh}, & \text{如果 } i_A=i_H\\ \beta_1(1-\theta_0)r_{hh}+\beta_2\theta_0^{\ 2}r_{ll}+\beta_3(1-\theta_0)\theta_0 r_{lh}, & \text{如果 } i_A=i_L\\ (1-\theta_0)r_{hh}+\theta_0^{\ 2}r_{ll}+(1-\theta_0)\theta_0 r_{lh}, & \text{如果 } i_A=0\end{cases}$$

在这样的情况下，M_1 的期望利润即为：

$$\begin{cases}\alpha_3\theta_0(1-\theta_0)\Pi_{lh}, & \text{如果 } i_A=i_H\\ \beta_3\theta_0(1-\theta_0)\Pi_{lh}, & \text{如果 } i_A=i_L\\ \theta_0(1-\theta_0)\Pi_{lh}, & \text{如果 } i_A=0\end{cases}$$

当 $i_A = i_h$ 时，因为已知 $\gamma > \rho > 0.5$，所以 $1 < \frac{\gamma}{\rho} < 2$，$0.5 < \frac{\rho}{\gamma} < 1$，$0.5 > 1 - \rho > 1 - \gamma > 0$，$0 < \frac{1-\gamma}{1-\rho} < 1$，可以推出：$\alpha_2 > 1$，$\alpha_3 < 1$，$\beta_2 < 1$，$\beta_3 > 1$。

记 $\Psi_1 = \alpha_1 + \alpha_2 + \alpha_3 = 1 + \frac{\gamma/\rho + 1}{\theta_0 \gamma/\rho + 1 - \theta_0}$，对其求偏导，得：

$$\frac{\partial \Psi_1}{\partial \frac{\gamma}{\rho}} = \frac{(1 - 2\theta_0)\theta_0}{\left(\frac{\gamma}{\rho}\theta_0 + 1 - \theta_0\right)^2}$$

因此，当 $\theta_0 > 0.5$ 时，上述偏导数小于 0，也就是说 γ/ρ 越大，Ψ_1 越小，而 γ/ρ 是介于（1，2）之间的，所以 $\Psi_1 < 3$。同时，当 $\theta_0 > 0.5$ 时，

$$(1 - \theta_0) r_{hl} + \frac{{\theta_0}^2}{\theta_0 + (1 - \theta_0)\frac{\rho}{\gamma}} + \frac{(1 - \theta_0)\theta_0}{1 - \theta_0 + \theta_0 \frac{\gamma}{\rho}} <$$

$$(1 - \theta_0) r_{hl} + {\theta_0}^2 r_{ll} + (1 - \theta_0)\theta_0 r_{hh}$$

并且 $\frac{(1 - \theta_0)\theta_0 \Pi_{lh}}{1 - \theta_0 + \theta_0 \gamma/\rho} < (1 - \theta_0)\theta_0 \Pi_{lh}$ 成立。

当 $i_A = i_l$ 时，记 $\Psi_2 = \beta_1 + \beta_2 + \beta_3 = 1 + \frac{(1-\rho)/(1-\gamma) + 1}{\theta_0 + (1-\rho)/(1-\gamma)(1-\theta_0)}$，求偏导，得：

$$\frac{\partial \Psi_2}{\partial \frac{1-\rho}{1-\gamma}} = \frac{(2\theta_0 - 1)}{\left[\frac{1-\rho}{1-\gamma}(1 - \theta_0) + \theta_0\right]^2}$$

因此，当 $\theta_0 > 0.5$ 时，上述偏导数大于 0，也就是说（$1-\rho)/(1-\gamma$）越大，Ψ_2 越大，而（$1-\rho)/(1-\gamma$）是介于（1，$+\infty$）之间的，所以 $\Psi_2 > 3$。同时，当 $\theta_0 > 0.5$ 时，$(1-\theta_0) r_{hl} + \frac{{\theta_0}^2}{\theta_0 + (1-\theta_0)\frac{\rho}{\gamma}} + \frac{(1-\theta_0)\theta_0}{1-\theta_0+\theta_0\frac{\gamma}{\rho}} > (1-\theta_0) r_{hl} + {\theta_0}^2 r_{ll} + (1-\theta_0)\theta_0 r_{hh}$，并且 $\frac{(1-\theta_0)\theta_0 \Pi_{lh}}{1-\theta_0+\theta_0\gamma/\rho} > (1-\theta_0)\theta_0 \Pi_{lh}$ 成立。

至此，以上研究了商业银行信息披露质量不同的各种情形下，村镇银行

的定价决策问题，研究表明：当 $\theta_0 > 0.5$ 时，商业银行信息披露的质量会降低村镇银行的定价水平和期望利润。换句话说，当商业银行披露的信息质量较高时，村镇银行只能降低自己的贷款利率，也就降低了自己的赢利水平，在同等市场条件下，脆弱性不得已增加了。而提高披露信息的质量是商业银行的常态，尤其是与村镇银行比起来，其具备很强的信息优势和成本优势，村镇银行为了抢夺市场客户，迫不得已要在定价和信息披露方面作出妥协，因此，其营利性弱于普通商业银行，脆弱性也比普通商业银行更高。

6.3.3 基于期权博弈的最优贷款定价

以上对比研究发现，村镇银行在贷款竞价方面与普通商业银行存在信息、成本等方面的劣势，导致定价被动，继而强化了村镇银行的脆弱性。那么村镇银行该如何定价才最优呢？本节拟通过建立期权博弈模型予以探索。

考虑村镇银行向普通乡镇企业发放贷款的一般情形。首先对贷款企业和村镇银行做一般性假设如下：①贷款企业处于正常的生命周期，即存在破产等的寿命期限；②企业的破产是内生性的①，即企业的破产决策和资产价值的破产临界点 V_B 由贷款企业自主决定；③贷款企业要向股东支付股息和红利；④企业的资产价值服从几何布朗运动②，即 $\frac{\mathrm{d}V}{V} = [\mu(V, t) - \varepsilon]\,\mathrm{d}t + \sigma \mathrm{d}z$，其中 V 代表企业的资产、ε 代表股东分红、$\mu(V, t)$ 代表资产的期望回报率、σ 代表资产风险。记贷款企业的本金总额为 D_0，贷款期限为 T，税负减免率为 θ，贷款利率记为 γ，无风险利率为 r，那么企业需支付的利息总额为 γD_0，如果在贷款期限内企业破产，那么记破产成本为 βV_B，银行收回 $(1-\beta)V_B$。

在一个完整的企业生命周期中，把贷款企业与村镇银行之间的博弈过程

---

① 公司破产的内生性源于公司债务与内生破产理论（Corporate Debt and Endogenous Bankruptcy），这方面的研究学者包括 Merton（1974）、Myers（1977）、Mello 和 Parsons（1992）、Leland（1998）、刘向华（2005）等。

② 这实际上也是期权定价模型的基本假设。

分为融资决策、投资决策、破产决策三个阶段：在融资决策阶段，企业以利率γ向村镇银行贷款D_0；在投资决策阶段，企业投资一项风险为σ的项目；在破产决策阶段，企业决定破产临界点V_B，在贷款期限结束时，如果企业的资产价值高于V_B，则向村镇银行支付本息；如果企业的资产价值低于V_B，则进行破产清算。

因为借款对于村镇银行而言，是一种或有索求权，因此可以运用期权定价理论来确定期权的价值。记村镇银行的借款在当前的索求权价值为$D(T)$，记$F(s, V, V_B)$为破产临界值首次达到时间的累积分布函数，简写成$F(s)$，也就是$F(s)=P(T_{VB}<s)$，T_{VB}代表的是资产价值降到破产临界点的时刻，记密度函数为$f(s)$。在这种情形下，企业的资产价值遵循的过程为：

$$\frac{\mathrm{d}V}{V}=[r-\varepsilon]\mathrm{d}t+\sigma\mathrm{d}z \tag{6-1}$$

村镇银行的借款在当前的索求权价值，是企业没有破产时银行所得利息支付的折现期望值与企业破产时银行获得净值的期望折现的加和：

$$\begin{aligned}D(T)&=\int_0^T e^{-rs}\gamma D_0[1-F(s)]\mathrm{d}s+\int_0^T e^{-rs}(1-\beta)V_B f(s)\mathrm{d}s\\&=\gamma D_0\Big[\Big[-\frac{e^{-rs}}{r}(1-F(s))\Big]_0^T-\frac{1}{r}\int_0^T e^{-rs}f(s)\mathrm{d}s\Big]+(1-\beta)V_B\int_0^T e^{-rs}f(s)\mathrm{d}s\\&=\frac{\gamma D_0}{r}[1-r^{-rT}(1-F(T))]+[(1-\beta)V_B-\frac{\gamma D_0}{r}]\int_0^T e^{-rs}f(s)\mathrm{d}s\end{aligned} \tag{6-2}$$

部分内容可简化如下：

$$F(T)=Nh_1(T)+(V/V_B)^{-2a}Nh_2(T) \tag{6-3}$$

$$\int_0^T e^{-rs}f(s)\mathrm{d}s=(V/V_B)^{-a+z}Nq_2(T)+(V/V_B)^{-a+z}Nq_2(T) \tag{6-4}$$

其中，$h_1(T)=(-b-a\sigma^2T)/(\sigma\sqrt{T})$

$a=(r-\varepsilon-\sigma^2/2)/\sigma^2$；$b=\ln(V/V_B)$

$q_1(T) = (-b - z\sigma^2 T)/(\sigma\sqrt{T})$

$q_2(T) = (-b + z\sigma^2 T)/(\sigma\sqrt{T})$

$z = \sqrt{a\sigma^2 + 2r\sigma^2}/\sigma^2$，$N(\square)$ 是累积标准正态分布。

贷款企业因为承担负债而有税负减免，如前文所记税率为 θ，记减税总额为 $TB(V, V_B, T)$ 或 $TB(T)$，在企业价值没有达到破产临界点时，企业持续运营并持续获得减税收益；在达到破产临界点后，破产损失记为 $K(V, V_B, T)$ 或 $K(T)$，则有：

$$\begin{aligned} TB(T) &= \int_0^T \theta\gamma D_0 e^{-rt}[1 - F(t)]\mathrm{d}t \\ &= \theta\gamma D_0[1 - e^{-rt}(1 - F(t)) - G(T)]/r \end{aligned} \tag{6-5}$$

$$K(T) = \int_0^T \beta V_B e^{-rt} f(t)\mathrm{d}t = \beta V_B G(T) \tag{6-6}$$

而贷款企业的总价值为：

$$\begin{aligned} W(T) &= V + TB(T) - K(T) \\ &= V + \theta\gamma D_0[1 - e^{-rt}(1 - F(t)) - G(T)]/r - \beta V_B G(T) \end{aligned} \tag{6-7}$$

股东权益的价值就是贷款企业的总价值减去债务的总价值：

$$\begin{aligned} E(T) &= W(T) - D(T) \\ &= V + (\theta - 1)\gamma D_0[1 - e^{-rt}(1 - F(t)) - G(T)]/r + \\ &\quad [(1-\theta)\gamma D_0/r - V_B]G(T) \end{aligned} \tag{6-8}$$

在求解了相关变量的代数解之后，从博弈的最后阶段开始研究最优破产问题。因为贷款企业拥有破产临界点的选择权，因此最优的破产临界点选择应当事先股东权益的最大化。因此，对上式求导，并令其为0，可得：

$$V_B = \frac{\gamma D_0 - e^{-rt}A(\theta - 1) + B(1 - \theta)}{r(B - 1)} \tag{6-9}$$

其中，$A = 2e/(\sqrt{2\pi T}\sigma) - a^2\sigma^{T/2} - 2aN[a\sigma\sqrt{T}]$

$B = z - a - 2aN[z\sigma\sqrt{T}] + e - a^2\sigma^{T/2}$

$$a = (r - \varepsilon - \sigma^2/2)/\sigma^2 ; z = \sqrt{a^2\sigma^4 + 2r\sigma^2}/\sigma^2$$

站在村镇银行的立场，希望企业破产时的破产后补偿能够收回本金，也就是 $D_0 = (1-\beta)\ V_B$，即，$V_B = D_0/(1-\beta)$。那么结合方程（6－9）可以得到此时村镇银行的最优贷款定价为：

$$\gamma^* = \frac{r(B-1)}{(1-\beta)(1-\theta)(B-Ae^{-rt})} \quad (6-10)$$

从模型中最优贷款利率的结构可以看出，村镇银行贷款定价的决定因素在于借款企业的资产价值风险、企业破产的概率、企业破产的成本率、税率等因素，且企业的资产价值风险越高、破产的概率越高、破产的成本率越高、税率越高，则最优贷款定价应越高。然而，在经济现实生活中，村镇银行的客户群体普遍规模小、风险大，破产的可能性远高于普通商业银行的客户企业，因此村镇银行的贷款利率应制定的很高才可以覆盖其风险进而分散脆弱性。但实际情况并非如此，因此，村镇银行的脆弱性便不可避免地强于普通商业银行了，但即便如此，这是对村镇银行而言最优的贷款定价策略。

6.3.4 理论解释与分析

农村金融市场是典型的寡头垄断市场，金融市场的定价要兼顾安全性、流动性与营利性原则。对包括金融机构在内的任何企业而言，成本与信息在定价中的作用都是不容忽视的。在村镇银行与商业银行竞争的过程中，村镇银行应当加强成本信息的公布时间和质量，以避免普通商业银行作为直接竞争对手而引起误读。这是因为，在村镇银行调低贷款价格时，如果由于信息不对称导致商业银行的错误解读和错误应对，将会打乱村镇银行的战略实施，影响村镇银行的长远发展。从理论上来讲，Tyler 在 1988 年所构建的双头垄断价格博弈模型可以解释此问题，具体如下。

便于研究起见，不妨假定当前市场上存在两家企业，分别是企业 1、企业 2，并且两家企业的产品是相同的（同质）。假设企业 2 的边际成本 C_2 是公开信息，但是企业 1 的边际成本信息并不透明，企业 2 仅仅知道对方边际成本

是 C_1^L 或 C_1^H（$C_1^L < C_1^H$）的相应概率分别为 x，$1-x$。在无固定成本和规模报酬都不变的背景下，需求函数是线性且对称的，如下所示：

$$Di(pi,pj) = a - bpi + dpj(i = 1,2;j = 2,1)$$

其中 $0<d<b$，这是因为：若双方均提价，则销售总量下降，这就要求 $d<b$；因为产品是同质的，是可替代的，因此 pi 与 pj 是正相关，也就是 $0<d$。令 $C_1^e = xC_1^L + (1-x)C_1^H$，企业的利润记做 $\pi_i(pi, pj) = (pi - C_i)(a - bpi + dpj)$。

如果两家竞争企业在同一时刻做出定价，并已知企业 2 的最优定价是 $p_2 = p_2^*$，那么，企业 1 的最优定价计算应记 $a - bp_1 + dp_2 + bC_1 = 0$，也就是：

$$p_1{}^* = \frac{a + bp_2^* + bC_1}{2b}$$

此时，企业 1 的最优定价为：

$$p_1^e = xp_1^L + (1-x)p_1^H = x\left[\frac{a + dp_2^* + bC_1^L}{2b}\right] + (1-x)\left[\frac{a + dp_2^* + bC_1^H}{2b}\right]$$

假设企业 2 是风险中性的，那么它会为了使利润达到最大而选择 p_2 作为其定价，而 $\pi_2^e = (p_2 - C_2)(a - bp_2 + dp_1^e)$，一阶导数为 0，得 $p_2^* = (a + dp_1^e + bC_2)/2b$。综合上述可得：

$$p_2^* = \frac{2ab + 2b^2C_2 + ad + bdC_1^e}{4b^2 - d^2}$$

结果表明，企业 2 的最终定价与企业 1 的边际成本有关，且是单调递增的。以下图表示两家企业的反应函数关系，分别以 R_1^L、R_1^e、R_1^H、R_2 表示。那么，在信息不对称的情形下，由此可知企业 2 决定的价格 p_2^* 是其预期企业 1 边际成本 C_1^e 的增函数。如图 6－5 所示，分别为企业 1 和企业 2 的反应函数曲线。在信息不对称的情况下，企业 1 的定价（$A(p_1^e, p_2^*)$）是 R_1^e 和 R_2 的交点，也就是由二者所共同决定的。具体而言：如果企业 1 的边际成本较低，那么企业 1 公开信息后的均衡点会是在 B 点；如果企业 1 的边际成本较高，那么企业 1 公开信息后的均衡点会是在 C 点；如果企业 1 不公开信

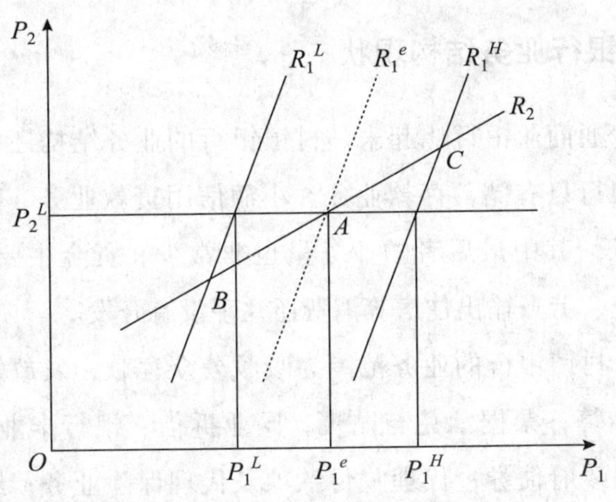

图 6－5 价格竞争曲线

息，企业 2 会将价格确定在 A 点。

村镇银行的定价同所有金融机构的定价原则是一样的，既要兼顾安全性、流动性与营利性，同时还要结合我国“三农问题”的实际情况；既要考虑贷款覆盖面的问题，也要考虑贷款的有效性和持续性。在产品策略方面，村镇银行创新意识不强，产品种类单一且缺乏灵活性，无法对客户进行有效筛选，不利于优化贷款结构和客户群体。此外，由于人才和经验的缺乏，村镇银行在确定贷款利率时通常以农村信用社制定的利率作为参考，利率普遍偏高，这会使贷款者承担较高的资金成本，导致贷款者信用风险提高，同时也会因金融市场上的逆向选择和道德风险带来更多的不确定性，增加村镇银行资产预期收益的波动性，导致了村镇银行的脆弱性。

6.4 业务结构与村镇银行脆弱性

村镇银行的业务结构直接影响赢利水平和市场竞争力。当前，村镇银行的主要收入来源于传统的存贷业务，中间业务严重缺乏。这种业务结构的单一化削弱了村镇银行的赢利能力，易导致脆弱性。

6.4.1 村镇银行业务结构现状

当前，与普通商业银行比起来，村镇银行的业务结构还比较单一，具体而言当前村镇银行只有储蓄存款业务、小额信用贷款业务、质押贷款业务和票据转贴现业务，其中最后者的业务量也非常少。资金主要流向农业生产，对于大的养殖业、劳务输出住房等消费还几乎没有开发。

按照规定，村镇银行的业务范围为吸收公众存款；发放短期、中期和长期贷款；国内结算；票据承兑与贴现；同业拆借、银行卡业务；代理发行、代理兑付、承销政府债券；代理收付款项及代理保险业务；经银行业监督管理机构批准的其他业务。从理论上来说村镇银行几乎是全能银行，各种业务都开业开展，甚至当资金在满足县域内的“三农”需求后的富余部分，可以用来购买涉农债券和向其他金融机构提供融资。但一些现实的障碍限制了村镇银行业务的开展，目前村镇银行开展的中间业务主要是一些传统的中间业务，如收取存贷汇兑的手续费、开户收取的卡费、贷款承诺收费以及小额存款的保管费等，而那些有着很高附加值的新型中间业务几乎还没有开展起来。究其原因，主要是由于缺乏“行号”，无法在人民银行开设清算账户，也不能开展结算业务，不能参加同城票据的交换，无法进入银联，不能办理银行卡与转账汇兑的业务，各银行普遍开展的房屋贷款业务和基金理财等金融服务也无法开展。同时，由于规模过小决定了其营业网点不能广布，且目前的业务处理系统还停留在简单的内部网络阶段，结算系统的不通畅使得一些业务，如通存通兑、代收代付、信用卡及电子银行等难以开办，难以承受一些如大额支付系统等需要大量资金的业务，削弱了赢利能力。此外，按照《暂行规定》的要求，村镇银行应在所属县市或乡村的地域范围内开展业务，这种地域范围的限制影响了村镇银行的业务扩展。

6.4.2 农户小额贷款与村镇银行脆弱性

农村小额贷款在我国经历了三个重要阶段：国家扶贫开发贷款与小额信

贷试点阶段、农村小额信贷试点阶段、金融机构的小额信贷全面推广阶段。村镇银行自2007年成立以来，坚持“立足农村，面向三农”的服务宗旨，由于中国农业银行、中国邮政储蓄银行等普通商业银行在贷款额度方面有严格的限制，低于2万元的小额贷款极少被允许放贷，所以村镇银行承担了大量的农户小额贷款业务。然而，农户小额贷款业务存在的系统性风险以及该业务发展中的不规范问题，都加剧了村镇银行的脆弱性。

1. 农户小额信贷业务行政色彩过于浓厚

村镇银行上至管理层下至一般员工对小额信贷的认识都或多或少的停留在扶贫层面，这无疑给小额信贷不可避免地染上了行政色彩。部分金融机构在2001年中国人民银行倡导全面推广小额信贷的时期，盲目推进政绩项目，对农民的结构调整缺乏充分论证。再加上前期农户大都不同程度地拖欠了贷款，新上政府项目的推广，使得农村小额贷款风险迅速加重；一些乡镇通过由村干部向农户借用贷款证套取贷款的方式，借由村镇银行小额贷款的途径，试图转移农村的经济矛盾。但最终结果却是村组织无力偿还，致使村镇银行与借款农户矛盾激化。这一问题，也成了农户小额信贷管理中的新问题。此外，还有类似如一些基层政府很少主动配合村镇银行的农户放贷工作这样的问题。特别是当村委会班子建设不健全，干部或干事不管事，或碍于情面不客观、如实像村镇银行提供农户基本情况，信用状况时，这对村镇银行开展小额信贷工作及农户资信评定造成了很大的阻碍。

2. 运营成本较高，严重制约其营利性

村镇银行的运营成本普遍在40%之上，这远远超过了国有银行和股份制银行的15%，农村信用合作社的22%～30%。（运营成本通常使用“收入费用率”来度量，即经营费用占收入的比率，一般与银行规模负相关。）此外，村镇银行的信贷人员多在当地招聘，人员素质普遍不高，且简单培训后就上岗，这无疑使本就较高的农户小额信贷单位管理成本雪上加霜。

并且，一些村镇银行高达千万的设立费用，更使得其成本居高不下，营利性大打折扣。综上所述，纵使村镇银行背负着“服务三农”的使命，但面对其商业性金融机构的自身定位，是否能保证赢利将对其正常业务的经营产生至关重要的影响。

6.4.3 中间业务缺失与村镇银行脆弱性

我国银行起步晚，且硬件条件不佳，村镇银行只能办理吸收存款，发放贷款，国内结算及票据承兑及贴现等传统业务。我国村镇银行没有加入中央银行的大小额支付系统，又受到结算制约与人力、财力与技术的制约，无法开展代理兑付、代理发行、代理收付款、代理保险及政府债券承销等中间业务，同时投资理财与投资型金融产品研发在村镇银行也是空白一片。

中间业务作为银行业的支柱业务之一，是目前我国商业银行提高竞争力的一个重要手段。在2001年颁布的《商业银行中间业务的暂行规定》中，商业银行中间业务指“不构成商业银行表内资产、表内负债，形成银行非利息收入的业务”。处在中间人身份的商业银行开展中间业务，以收取手续费为目的，在不占用自由资金的条件下，将不会影响到银行的表内资产与负债。在世界银行发展趋势中，中间业务将逐步取代传统业务成为银行的主要利润来源，同时，中间业务的发展将成为衡量银行创新能力，赢利情况及现代化程度的重要指标。截止到目前，我国开发了260多项中间业务，有衍生金融工具交易、基金托管、担保承诺、信息咨询、代理、银行卡、结算等。但由于受各种因素的制约，村镇银行很少或者基本没有中间业务，目前中间业务的缺乏已成为影响村镇银行可持续发展因素的关键所在。

开展中间业务，可以通过五条路径有效降低商业银行的脆弱性：第一，减少利息收入增加了商业银行的压力；第二，中间业务将有效提高银行资本充足率，便于银行主动调整其资产负债结构以适应自身需要；第三，中间业务将有效降低银行风险；第四，中间业务将显著提高银行的国际竞争力；第五，中间业务开发迎合了银行业混业经营的主流国际趋势。

由于中间业务的缺失，使得村镇银行的金融产品单一，使得村镇银行利润降低。我国目前多数村镇银行没有开发面向客户的金融投资产品，推出的

贷款形式也与农村信用社无差异，如专业农户贷款农户小额贷款、联保、抵押都可以在农村信用社中找到同款。村镇银行并没有展现出金融创新方面的技术优势。村镇银行的规模和经济实力以及人员素质也限制了其金融产品的开发。简单地说，中间业务的缺失增强了村镇银行的脆弱性。

6.5 风险管理与村镇银行脆弱性

直到2009年，全国范围内银行性金融机构不良涉农贷款率为13.6%，农林牧渔业不良贷款率为9.4%，农村农户不良贷款率为17.8%，这些数据都远高于同期银行性金融机构的平均不良贷款率。在邮政储蓄银行与农业银行的网点，农村合作银行，农村信用合作社等农村金融机构饱和运营之际，村镇银行也进入了农村金融圈。而专营“三农”服务的职能必定加剧其经营风险，这使村镇银行必须时刻关注风险控制，以此来巩固其在农村金融机构中的地位。但村镇银行的风险控制能力普遍较弱，这使之暴露在巨大的风险敞口下。

6.5.1 村镇银行的信用风险管理

信用风险又称违约风险，主要以贷款信用风险存在。其产生的原因如贷前调查失误，贷时审查失误，借款人经营失败等，而其中最主要的原因经调查来自借款人经营失利及贷前调查失误。经营失利指借款人在运用贷款资金进行投资的过程中，遇到诸如经济危机、决策失误、同业恶性竞争等阻力，未达到投资人的期许或申请破产时，而无法按照合同归还贷款的行为；调查失误则指负责贷款的客户经理，由于自身专业素养不足或过失，过度相信借款人财务信息，或未及时发觉借款人的风险敞口，做出了错误调查报告，从而导致银行错误放贷的行为。银行负责调查人员虽然无法控制决定借款人经营失利的相关因素，如借款人品质、相关管理能力等，但其可以通过提高专业与实务知识，揣摩适合的调查方式，来做出准确的调查报告，使银行规避部分信用风险。村镇银行的客户主要是小微企业或者农户，而这些客户往往缺乏明晰的信用记录，致使财务及产业系统评估不透明。所以村镇银行普遍采取回避的方式来规避信用风险。如资兴浦发村镇银行，其虽已按照信贷管理执行“三查”工作，由于人员不足，存在明显的贷前调查漏洞，如贷款资金的用途不明及担保人担保能力分析不足等。同时，该行相关信贷档案中没有附上贷后检查报告，而贷前调查报告内容也较简单，对借款人的经营及财务情况分析不到位。

6.5.2 村镇银行的流动性风险管理

村镇银行流动性受限于其较低的吸储能力，而农业的季节性易造成贷款人与存款人同时“挤兑”的局面，这进一步增加了村镇银行的流动性风险。村镇银行的流动性风险识别、度量、监测及控制力均较弱，流动性风险管理体系的缺乏，使董事会及相关经营层面临巨大的风险管理挑战。在实际调查中发现，鲜有村镇银行建立流动性风险系统适时监测拆借资金比率、净拆借资金比率、最大十户存款比例、超额备付金率、存贷款比例、超额备付金率、核心负债依存度、流动性比例等重要流动性指标。同时村镇银行也缺乏与资产负债相关管理机制，比如悬而未定的中期贷款上限率。应急方案也是村镇银行的管理弊端，其中最明显的就是流动性危机的相关处治措施。如浙江兴联合村镇银行，直至2010年年底，该银行的存贷款比为115.88%，存贷款差高达2.78亿元。这些情况表明该行除去运用所有存款投放贷款，还挪用了资本金来放贷。尽管5年存贷比超标期限使其免于处罚，但该数据说明该行的存款稳定性极差。该行负债结构的不合理将在无拆借资金来源又要保留备付头寸与缴纳存款准备金时，引致极大的经营风险。

6.5.3 村镇银行的操作风险管理

操作风险指由于人员、流程、系统及外部流程所致的风险，其包含法律风险，但不包含名誉与策略风险。从内部体系来看，受到硬件设施、管理能

力、技术发展等多重制约，村镇银行的操作风险严峻。同时村镇银行信贷的内部操作风险主要包括道德风险、运营风险及决策风险。从外围来看，银行操作风险表现为两种主要形式，其一为经营危机导致的借款人客观信用风险；其二是由于借款人或其他相关主体的不良意愿，采取不正当手段，诈骗贷款资金而引致的风险。管理方式落后也是村镇银行操作风险中的重要问题。同时由于农村地域限制，村镇银行往往相对薪酬低下，工作环境不佳，交通不便利，这使其与高素质人才无缘。村镇银行人员整体素质偏低，人员经验缺乏都潜在加剧了操作风险。以安徽凤阳利民村镇银行为例，该行共 18 名员工中，只有董事长、行长、副行长及综合办主任拥有中级职称及相关金融工作经历，其他的 14 名员工由退伍军人、公司职员与应届毕业生组成，员工总体经验的缺乏将直接削弱该行的风险防控能力。此外，作为新出现的农村金融机构，村镇银行拥有扁平式的管理结构，该结构将不利于管理层风险能力的把握，如无法标识及明确区分业务流程中的重要风险环节，不明确的风险点将阻碍风险控制措施的实施，即操作人员识别风险的难度加大，这也直接加剧了操作风险。

6.5.4 村镇银行的市场风险管理

村镇银行的主要业务是存贷款的传统业务，因此利率风险成为了市场风险的主要内容。虽然我国的利率市场化进程有了长足的发展，可基准利率市场化依旧无法成为市场规则，在利率市场的影响因素不明，市场有效收益率曲线缺乏的当下，利率风险依旧是村镇银行市场风险的关键点。

在我国最高人民法院的解释规定中及中国人民银行和中国银行业监督管理委员会联合下达的《关于村镇银行、贷款公司、农村资金互助社、小额贷款公司有关政策的通知》中，村镇银行可在人民银行公布的同期利率的 0.9 ~ 4 倍的区间内浮动其贷款利率，所以在利率制定上，村镇银行拥有极大的自主权。但村镇银行往往无法准确分析贷款覆盖面与恰当评估贷款有效性与持续性，这使得其利率制定环节陷入了困境。同时在实际操作过程中，由于高素质人才缺乏与相关经验不足，村镇银行常常参考农村信用社的利率来确定自身贷款利率。此外，村镇银行的贷款利率又会选择性低于同期相关农村信用社利率，借此来强化自身竞争需要。以吉林省东丰诚信村镇银行为例，该行1年期万元以下面对种植农户的贷款利率为8.37%，而同期农村信用社的贷款利率为10.08%。村镇银行贷款利率偏低，使得贷款成本偏高，这将直接减少其传统业务的头寸收益，赢利能力降低也将严重威胁村镇银行的风险防御能力。

6.6 本章小结

本章基于村镇银行经营管理的微观视角，从吸储能力、信用增进模式、贷款定价、业务结构、风险管理五个方面探讨了村镇银行脆弱性的形成原因，总结如下：

（1）吸储难是所有村镇银行当前遇到的最大问题，由此导致贷款能力差和流动性的不足，而基于此，又派生出了存贷比居高不下、备付金比率过低、难以扩张分支机构等问题，影响业务发展和支农力度。

（2）与普通商业银行相比，村镇银行贷款缺乏有效抵押品。以村镇银行的信用增进模式选择为切入点，通过博弈模型发现村镇银行更为脆弱性，这主要源于信用增进手段的缺失。

（3）在介绍当前村镇银行的贷款定价现状的基础上，依托贝叶斯纳什均衡模型，研究了村镇银行与普通商业银行之间的贷款竞价问题，研究发现在成本劣势和信息劣势的天然背景下，村镇银行的贷款定价能力和竞价能力显著弱势于普通商业银行，也就是说其脆弱性更强。进一步地，基于期权博弈模型，研究了村镇银行的最优贷款定价问题，研究发现村镇银行贷款定价的决定因素在于借款企业的资产价值风险、企业破产的概率、企业破产的成本率、税率等，而村镇银行信贷对象具有高风险、高破产率、高破产成本等特征，导致村镇银行具有更强的系统性风险和脆弱性。

（4）与普通商业银行相比，村镇银行的业务结构相对比较单一，主要集中于储蓄存款业务、农户小额信用贷款业务和质押贷款业务，没有条件开展中间业务。农户小额贷款由于行政色彩过浓、运营成本高、运营风险大以及中间业务的缺失等因素，都是导致村镇银行脆弱性的重要原因。

（5）银行风险控制能力较弱也给其稳定健康发展带来了隐患。在风险管理方面，由于面对的主要是小企业或农户，缺少以往的信用记录，无法评估其财务及产业发展系统，因此村镇银行目前主要还是采取“回避”的方式防范信用风险；缺少流动性风险应急方案，未明确出现流动性危机时的资金来源及采取的相关处置措施；软、硬件条件的缺少和人员素质偏低都易导致操作性风险，而对贷款利率的制定方面的能力不足易导致市场风险。

7 降低村镇银行脆弱性的对策建议

7.1 改善农村金融生态环境

7.1.1 大力推进农村经济发展

发展农村经济是改善农村金融生态环境的根本解决之道。长期以来，我国实行以城市偏向政策的经济社会发展道路，约束了我国农村经济发展。基于此，只有合理地统筹城乡经济发展，才能有效消除目前存在的“二元结构”，切实促进农村经济发展。基本途径是推进城镇化进程以促进农村剩余劳动力的专业和发展现代农业，推动产业结构的优化，提高农村经济的市场化程度，最终实现农村经济的可持续发展。

约束我国农村经济发展的深刻原因在于过多的农村人口与过少的农业资源之间的矛盾，实现农村剩余劳动力向非农产业的转移是解决“三农”问题的根本途径。因此必须大力扶持发展农村中小企业，可通过培养农业龙头企业，带动上、下游企业的发展，创造新的就业空间，使就业结构更趋合理。目前，发展现代农业已成为我国农村经济社会发展的重要产业支撑，也为从根本上改善农村金融生态环境提供了物质保证。因此必须改变农业的生产方式，由保证数量向提高质量和改良品种的方向转变，提高农业生产的产前、产中、产后各个环节的科技含量，使农业生产能适应变化的市场需求，释放农业的增长潜力。同时，要注重培育区域特色主导产业，提高产品竞争力和比较效益，并通过建立相应的机制，有效连接农业生产与市场，大幅提高农

业生产效率，系统推进农业现代化。

7.1.2 农村金融环境的优化

农村金融在农村经济发展中处在关键地位，优化农村金融环境对于促进农业和农村经济发展有着重要作用。农业生产周期长，不确定性大，对资金期限要求长，但金融机构出于对资产安全性、营利性的考虑，提供贷款期限一般较短，难以满足农村资金的需求。应加大对农村地区的资金投入，通过再转贷和政府的政策导向，引导资金流入农村区域，加强货币创造能力，提高农村资金使用率，保障农村经济体系内资金的稳定有序流转。同时应不断创新农村金融业务，促进信贷业务的发展。如可将供应链金融应用到农业贷款中，形成农业供应链金融。此外，应健全农业保险市场，通过建立健全的农业保险市场来分散、转移村镇银行的贷款风险，切实有效地保障广大农民的根本利益。首先，政府部门可以宏观调控利率、税收、信贷政策等，同时制定配套措施，大力实施“三农”保险计划。其次，针对农户文化程度普遍偏低的现状，各级政府部门当充分发挥本部门组织领导职能，加大保险知识宣传力度，积极发动农户响应保险计划并参保。再次，由于各地区的情况各不相同，应不断开发适合本地区的保险险种，满足各种类型的保险需求。最后，国家应尽快制定完善包括《农业保险法》在内的有关“三农”保险的各项法律法规，保证经营团体或个人和监督机构有法可依，有法必依。

7.1.3 农村政策环境的优化

为构建动态平衡的农村金融生态系统，政府应通过宏观政策和经济手段对农村金融市场进行调节，并保持行为的适度性。首先，政府应保证宏观政策的明确性、稳定性及连续性，使得金融市场的各方都能树立起对政府的信心并对未来形成长期稳定的预期，因为政府不稳定的政策会激发市场参与者的短期行为，增加整个体系的风险。其次，由于农业是弱势产业，农村是落后地区，农民是弱势群体，相对于其他金融机构而言，服务于“三农”的村镇银行承担了更多风险，政府应对其提供更多的优惠支持，具体可通过给予一定财政补贴、利率优惠以及对涉农贷款给予一定的税收减免来鼓励村镇银行的业务发展，这样既可降低农民、农村企业的借贷成本，也减少了村镇银行的经营风险。

此外，地方政府对村镇银行的过多干预是其脆弱性生成的重要原因。当前应根据实际情况、按市场方向加快地方政府职能转换工作进程。适度的政府调控和干预对于农村经济发展是必不可少的，但需明确政府与市场的边界，政府干预和调控的目的只是为了克服市场失灵，不应对村镇银行的经营管理造成影响。地方政府应该适时适当地将工作重心从以经济建设为中心逐步转移到公共服务。这必须对地方政府官员政绩的考核方式进行改革，建立并实施更加合理的市场化机制，走出 GDP 至上的误区，更加公平、客观、有效地考核地方政府干部，同时将公共服务、公共环境等纳入对地方政府的考核标准内。同时要推进农村投融资体制改革，依“谁投资、谁决策、谁受益、谁承担风险”的原则，确定村镇银行的投资主体地位，保障投资的自主决策和独立审贷的权利，更好地发挥市场机制对经济活动的调节作用。

7.1.4 建立良好的法律和执法体系，优化农村法制环境

法制环境是影响金融生态最直接、最重要的因素（杨子强，2005），也是农村金融生态环境的重要因素，目前我国农村法制环境的建设亟待加强。

1. 建立健全的法律体系

我国农村实行以间接融资为主体的融资体制，但在这方面，我国法律制度还不尽完善。我国最高人民法院做出了金融机构不得处置拍卖作为生活必需品的自住用抵押住房的解释，而房屋通常是农户最主要的抵押物，这就在一定程度上加大了农村金融机构的贷款风险。因此，必须完善我国《刑法》《破产法》《担保法》以及《物权法》等在内的相关法律法规体系，加强针对农村经济金融建设需要特殊的立法工作，加大对如何保障农民以及相关农村经济体的利益等方面的立法力度，使执法过程中有法可依，切实保护农村金

融机构债权人的利益。

2. 加大司法部门执法力度，提高法律执行的效率

当下，在保护金融债权过程中，呈现的最突出问题是金融案件的审结和执结率不高，在农村地区尤甚。因此，在已有法律框架的约束下，要加大处理和协调农村经济金融事务的执法力度，司法部门应配合加强对失信行为的打击力度，尤其要提高金融案件的执结率，提高法律的威慑效用，以期农村地区的投资环境得以改善。

3. 强化依法行政，提高法律执行的公正性

目前，普遍存在当地政府行政干预或变相干预农村金融机构贷款现象，部分地区存在或轻或重，或多或少的出现干预司法公正的问题。农村地方政府应主动解除地方保护主义，杜绝政府行政干预，强化依法行政，提高法律执行的公正性，保障政府信用。同时应积极帮助农村金融机构利用法律武器维护债权，确保债权利益得到有效保护。

7.1.5 积极改善农村信用环境

信用脆弱是村镇银行面临的主要脆弱性之一，我国广大农村地区在信用文化建设、守信激励机制和失信惩罚机制上严重缺乏。迫切需要基于我国村镇银行生存和发展的客观情况，建立适当的社会信用体系，主要是社会征信体系、社会信用评价体系以及失信惩罚机制的建设，改善农村信用环境。

1. 社会征信体系的建设是我国信用制度建设的首要任务

我国的征信体系建设始于20世纪90年代，但到目前为止还很不规范，征信活动缺乏法律和制度保障，征信信息不集中且相互独立等。因而，当务之急是建立并完善有关法律法规，切实做到依法向社会特别是信用中介机构公开信息，营造开放、公平的信息使用环境；加快建立农村企业和农户信用信息库，这可通过与工商、税务、公安等职能部门的协同合作来完成，以实现信用信息的共享；要促进专业化征信机构的形成，做大做强征信业，进一步加强相互之间的信息共享和合作，合符事宜地成立全国性的企业、个人信用信息数据交换中心，防止因信息不对称而给行为人留下不守信用的空间；为信用产品营造良好的市场环境，推进信用产品成本的市场化。

2. 建立健全社会信用评价体系

加强并完善我国社会信用评估工作，应从提高各方的信用评级意识入手。具体可将信用评级结果与可贷资金挂钩，作为一项考核和监管指标，以提高企业和个人信用评估的积极性；加强我国专业性的信用评估机构的培育，允许跨省区金融资信评估业务，逐步形成几家全国性的信用评级机构，以提高信用评估的整体水平和社会影响力；制定一套通用于整个信用评估行业的信用评估框架、指标和方法，更加科学规范、客观合理、公平准确地进行信用评估工作。

3. 实施严厉的失信惩戒机制

失信惩戒机制是信用制度的核心。应加大对失信者违约行为的惩罚，增加其失信成本，才能有效遏制失信行为的发生。因为理性经济人的行为选择是建立在权衡收益和成本的基础上的，如果违约的预期收益远远高于预期成本，就会发生违约行为。通过加大对失信行为的惩戒机制，可提高失信者的违约成本来约束参与者行为，减少由信息不对称引起的逆向选择和道德风险。可将企业或个人的违约行为的严重性进行分类，并与后续的融资成本和融资额度相挂钩，根据不同类型实施不同的惩戒方法。视情节严重程度，将存在恶意逃债行为严重的企业和个人列入黑名单，并且停止对其一切的信贷业务，控制他们在社会活动中的正常经济交易，直至债务清偿完毕为止。

7.2 改善村镇银行脆弱性的制度安排

7.2.1 完善村镇银行市场准入机制

我国农村金融市场长期以来缺乏民营资本和外资进入，造成以农村信用社为主力的被动垄断局面。虽然政府放宽了对农村金融市场的准入条件，积

极发展村镇银行，但在具体的准入机制上规定过多，依然不利于培育成熟的农村金融市场，真正成熟的市场竞争应存在于不同产权主体之间，因而应该适当降低市场准入门槛，增加不同层次、不同水平的农村金融供给主体，在竞争中形成多元的农村金融主体，提高资金配置的竞争效率和规模效益。应放开银行业机构作为发起人组建村镇银行的条件，鼓励更多的社会资本流入农村金融市场，解决“发起人难寻”的问题。对持股比例和股东资格相应进行调整，探讨包括银行、保险、证券、信托、企业和自然人共同发起组建控股村镇银行的金融控股公司来发起建立村镇银行的模式，既可实现投资主体的多元化，也可解决村镇银行后续发展的资金压力。

7.2.2 建立有效的市场约束机制

1. 信息披露制度的完善

建立有效的市场约束机制，应首先从信息透明入手。对于村镇银行来说，在保证保密的前提下，建立有效的市场约束所必需的最低限度信息披露机制，是极其必要的。但信息的公开是相对的，过多的信息也是有不良影响的，因此村镇银行信息披露制度应遵循有限披露的原则，按《暂行办法》的要求，推动信息披露制度化。在披露过程中，应根据不同的村镇银行的具体情况，实行区别对待，制订不同的标准；由于农村金融市场的不完善，信息披露制度的建设应循序渐进，按阶段性进行推进；遵循严格强制性披露，鼓励自愿披露的原则，硬化对虚假披露、不及时披露的惩罚制度，以保证信息披露的有效性。

2. 构建竞争性的经理人市场，完善经营者选拔机制

长期以来，由于受制于农村地区经济发展水平和地理位置等各种因素，农村金融市场人才匮乏，缺乏有效的经理人市场，经理人的整体素质还不能完全适应金融机构经营管理的需要。构建有效的农村职业经理人市场，其核心是设计合理的职业经理人市场机制。首先应完善法律机制和互信机制。信任是合作的基础，良好的监督机制可以强化信任基础，需将两者有机结合。

其次要健全培训选拔机制。政府和金融机构监督管理部门联合建立培训和考核机构，培养真正合格的、专业的职业经理人。最后要强化金融机构自身的激励约束机制，建立合理的绩效考核体系和激励性的薪酬制度。

3. **股权转让机制**

在发达国家银行管理模式下，当银行出现经营管理不善或者存在较高风险时，可以通过以敌意接管、兼并为主的手段进行市场约束。但这需要有顺畅的股权转让机制。由于村镇银行并没有上市，并且对银行的监管存在壁垒，即便有问题出现，外部力量也不容易通过资本市场上的收购、兼并等手段完成接管。但是，如果村镇银行存在相对较为分散的股权结构，也就是有相对控股股东的存在，同时不只存在一个大股东，那么这种情况下的村镇银行相对控股股东存在更替的可能性。所以，应当合理设计股权结构，使其更具流动性，便于实现股权转让，充分发挥股权转让机制在银行治理过程中的效力。

4. **有问题农村金融机构市场退出的制度安排**

农村金融市场上有问题金融机构的市场退出是金融体系的自动稳定器，只有建立起“劣汰”机制，让有问题的金融机构及时退出，才能从制度上克服村镇银行的脆弱性。必须建立有问题金融机构市场退出的法律体系框架，以保证充分的透明度，有效防止道德风险；要注意处理多方利益关系，达到通过适宜的退出方式安排；遵循准市场化原则，将市场手段与行政手段相结合；金融监管当局、财政部门、司法部门三者相互协调配合，对问题严重的金融机构，应实行强制退出，防止负外部性。在问题金融机构市场退出的程序、退出时的债务清偿应在程序、方式等方面进行详细的规定。

7.2.3 推进建设“存款保险+最后贷款人”的危机舒缓制度

7.2.3.1 建设我国显性的存款保险制度

设计和运转良好的存款保险制度作为重要的制度基础，是银行稳健经营

并实现健康发展的重要保障，相对于大银行来说，这对于村镇银行这样的小银行意义更为深远和重要，与中央银行的最后贷款人制度一起构成维护金融安全的主要措施。与我国目前实行的“超级”隐性存款保险制度相比，建立显性存款保险制度可以使村镇银行这样的小银行有条件与拥有隐性保护的大型银行竞争，使银行系统竞争更充分。在制度设计上，应对保险机构的法定职责或功能定位、成员资格、可投保范围、资金融合安排、支付存款人等方面进行合理安排。

1. 选择合适的存款保险机构类型

根据我国目前的情况，应先形成管理存款保险基金的专门机构或部门，当条件成熟，再考虑成立存款保险公司。按照资金来源和性质，在国际上保险机构主要有三种模式：官方出资建立并管理、银行同业组织建立以及由政府与银行共同出资合办。目前，我国中央财力较为紧张，基于这一国情，建议选用第三种模式，也就是政府与银行共同出资的模式，以节约制度建设的成本。

2. 合理确立保险范围

存款保险机构的保险范围包括两方面的内容：存款保险对象的选择和保险上限的确定。目前我国有商业银行在我国银行体系中占主导地位，且一直得到政府隐性存款保险的过多保护。建立显性存款保险制度，除了应考虑国有商业银行和大的股份制银行之外，以村镇银行为主体的村镇银行也需在保护范围内。存款保险制度对于防范由于村镇银行破产倒闭造成的农村系统性金融风险具有特别重要的，可以保障村镇银行整个体系的相对稳定，特别是我国大举推进村镇银行建立的情况下。

在保险上限方面，由于全额保险会加重我国银行体系原本严重的道德风险，削弱市场约束的基础，因此应对存款人设立保护上限，而保险上限的设定必须切实可行，并且要同其他的内在设计要素保持高度一致，同时要符合制度的公共政策这一目标。可以以存款规模为基准，对一定限额内的存款予以全额保护，超额部分则适当递减，这就需合理评估合格的存款，理论上应当考虑主要是所吸收存款的品种。上限一般依据不同类型银行来设定，并定期适度调整。

3. **存款保险定价**

对于显性存款保险制度，保费的设计是关键，不合理的定价机制会导致逆向选择问题：若保费采取一刀切且银行入保完全自愿，则稳健的银行就会退出。此时，政府为了弥补成本，提高保费率，这会使得次优的银行退出存款保险体系，最终只有最脆弱的银行留在体系内，增加了系统风险。因此，应实行差额险费制，即基于市场信息评估参保银行的经营风险，从而根据银行或者存款类型所处风险级别征收相应的保费。

7.2.3.2 加快建设适合中国国情的显性最后贷款人制度

最后贷款人制度是防范系统性金融风险的一道有效的防火墙。因此迫切需要效仿国外同行成熟行为，基于我国国情，快速建设适当可行的显性最后贷款人制度。

1. **明确最后贷款人的职能定位**

可以在《中华人民共和国中国人民银行法》里明确赋予人民银行相机决策履行最后贷款人职能的权利，建立统一的最后贷款人制度框架，对其宗旨、目标、责任、范围、方式等应进行明确规定，以增强救助的规范性和时效性。

2. **完善最后贷款人制度构成要素的规定**

应对贷款人、借款人、贷款利率和贷款期限等最后贷款人制度构成的要素方面进行完善。人民银行在行使最后贷款人职能时，可以借助自己的权威地位引导市场提供协同贷款，减轻资源约束。同时，金融机构想要成为最后贷款人制度的借款人，必须要满足一定的条件。一般情况下，必须是有清偿能力的银行才能成为最后贷款人的借款人，且原则上不能区别对待各类型银行。央行对问题银行的再贷款利率不宜低于市场利率，以防范道德风险，且通常期限不要过长，一般将期限定为一年以内，充分发挥流动性风险处理机

制的作用。

3. **坚持透明原则**

目前，多数国家的最后贷款人制度采用的是“建设性模糊”的原则，对是否、何时和在何种情况下提供援助进行相机决策。针对我国目前的客观情况，透明原则才是更适合的选择，透明原则包括事前透明和事后透明组成。所谓事前透明是指事先设定提供最后贷款人服务的基本条件，并制定相应的操作细则，在救助的同时详细记录相关信息，形成档案；所谓的事后透明是指在救助完成一定时期后，政府部门再将之前建立的档案公之于众，同时说明相关业务的执行效果和原因。透明原则既可以避免行政的过度干预，又可以避免相机决策中的随意性。

4. **加大惩罚力度，建立并完善救助与责任追究并行机制**

在向问题机构作出最后贷款人援助的同时，应当探究该金融机构所出现问题的根源，并惩处相关的负责人。在处罚方式和力度方面，建议设立并实施较为灵活和多样的惩处方式，比如禁止问题金融机构的股东参股控股其他的金融机构、暂停甚至取消责任人的从业资格等，以遏制管理层违规经营、恶意经营的行为，降低道德风险。

7.3 提高村镇银行经营管理能力

7.3.1 加强宣传，增强吸储能力

吸储难是村镇银行存在的普遍问题，存款额度较小，同时缺乏货币市场拆借资格，这一瓶颈最大限度地制约了村镇银行的进一步发展。为解决此问题，应努力提高村镇银行在当地的社会认知度和接受程度，可以选择合适的媒体（包括电视、广播、网络、报纸等），积极宣传自身具有的优势，让人们尽快认识和了解村镇银行的性质和服务内容。在银行设立初期，通过为农村客户提供满意、便捷的服务，打造村镇银行的农村金融品牌形

象，提高品牌认知度及扩大品牌影响力。村镇银行需要提高吸储能力，以此实现自身可持续发展，并长期消除农户的担忧。村镇银行缺少存款主要来自村镇银行与农信社的激烈竞争，而农村信用社的雄厚资金，与较密集的网点，使得村镇银行处于竞争劣势地位。要打破这种困境，村镇银行应该在建立一年后赶紧在乡镇设立分支机构，方便人们办理存贷款业务。此外，应建立行业协会，联合起来和人民银行协调，早日建立银行支付结算系统、加入人民银行企业信用信息基础数据库和个人信用报告查询系统，提高存贷款的办理速度。这些措施可以提高村镇银行的知名度，促进人们对其的信任度，进而提高人民到村镇银行存款的意愿。另外，政府也可允许村镇银行在地级市设立分支机构，用于专门吸储，把吸储来的存款投放到“三农”上来。

7.3.2　扩大农村抵押担保品范围，创新担保机制和担保方式

中国银行业监管委员会近期出台了关于“推进农村金融产品和服务创新”的指引性工作方案，该方案提出贷款担保的范围要求是：只要是没有违反现行的法律法规的、财产所有权是非常明晰的、风险状况是可控的，那么此类财产就可以用作贷款担保。基于此文件的精神，笔者认为，应扩大抵押担保品的范围，尝试将农地使用权、湖泊鱼塘等各种类型的财产纳入到担保品范围，并且应当建立透明的登记交易制度，以保障农户（企业）以此类不动产作为担保抵押而顺利获得贷款。可以创新农户贷款担保方式，探索生产资料动产质押、养殖水面使用权收益抵押、经济林权收入抵押以及龙头企业为农户担保等担保方式。同时，可以考虑建立农村贷款担保协会或单独成立针对面向农业的担保公司，也可由地方政府牵头成立涉农贷款担保基金，依靠中介组织来解决目前农村信用担保的问题。

在担保制度的设计上可以借鉴国内外的先进经验，采取将强制储蓄和团体担保制度相结合，并根据不同的借贷类型设计不同的联保方式，比如对于生产性资金的借贷，在实行联保制度的时候要限制同一行业经营者在联保组

织中所占的比例，以规避行业性风险，而对于生活消费类的贷款，则可以采用含蓄担保的方式，这样既不增加担保人的负担，又能对借款人起到有效的制约。

此外，村镇银行属于草根金融，可以借助“软信息”来甄别借款人质量，以确保贷款的及时偿还。具体的，村镇银行可以与现有的农业组织相结合，了解农民的金融需求、生产能力、现金流和信用状况，评估借款人的还款能力和意愿。

7.3.3 加强开展中间业务，创新金融产品

2010 年金融危机以后，中间业务伴随商业银行的市场化得到了迅速壮大，甚至已经成为了商业银行新的利润增长点。村镇银行想要得到可持续发展，从而有效地支持“三农”建设，一条不容忽视的有效途径就是开展中间业务。应该靠拢“三农”特点，不断创新中间业务产品。比如，可以大力开展各类代收代付业务，包括代缴水电费、医疗保险、社会保险等，在网点进行便民服务。这样一来，不但村镇银行得到了发展，政府的相当一部分问题也得到了有效解决，这就是银政合作在村镇银行的具体体现。以点带面，主打扶持和服务，这样既可以发展壮大村镇银行，同时村镇银行开班的“普惠性”宗旨也得到了体现。应升级自身软硬件环境，开展代理保险及代收费业务、国际贸易各种结算方式、网上银行等新兴高科技业务。应积极开展风险较低的新兴中间业务，包括代销基金、债券，销售理财产品等，为了鼓励广大农民朋友投资这些产品，可以收取比大型银行稍低的手续费。经济发达区域村镇银行可适当地开展信托、证券和投行等业务。

同时，村镇银行需要不断创新金融产品。具体可以开展以种植业为主的农业项目重点支持产品，村镇小型基础设施建设相关产品，针对村镇住宅建设的金融支持，外出务工人员金融服务，农村医疗保险，农村家庭子女的助学贷款以及婚丧嫁娶、农业汽车、家电下乡等消费类贷款，积极拓展业务范围，提升自身竞争力。

7.3.4 提高风险管理能力

1. 加强信贷风险管理

一要制定和规范信贷管理政策。建立面向客户的授信调查、授信审查、授信审批、授信后管理的标准化流程，同时明确对应每个流程中的内容与责任主体。银行在进行授信尽职时，要充分考虑各方面因素，制定授信评价细则，以此将风险责任落实到人。二要严格执行贷款管理责任制。按照不良贷款的损失大小及责任大小，追究由管理不善引致损失的责任；要对违规贷款的责任人执行经济处罚，还需责令要求其限期收回；若未能在限期内成功收回贷款，取消责任人的信贷员资格，对主要责任人下岗清收，而有领导职务的责任人，免去行政职务，造成经济损失由责任人全额赔偿，并解除主要责任人的劳动合同。三要严格控制关联授信。村镇银行的投资金额必须明确上限；当发现股东与内部关系人的关联授信行为时，必须上报董事会及股东大会并取得同意。四要突出效益增加的指导性作用。改革考核的评估体系，建立及健全激励机制；需专门建立农业贷款业务的绩效考核及责任追究机制，全面建立增量与拓面相结合的业绩考核制度；执行差别化费用的配置政策，将“支农”及“支小”业务营销费配置比重于其他业务营销费配置比重相对提高，使重要资源流向“农”与“小”型业务。

2. 增强流动性风险管理

村镇银行应该将应对危机的充足流动性当成流动性风险管理的目标。在各种应对措施的制定中，加强资金的头寸管理应称为村镇银行的最重要的流动性风险管控目标。由于村镇银行在成立时普遍规模不大，吸储能力有限，为支持村镇银行发展，在村镇银行存贷款比指标方面，监管部门将允许有5年的宽限过渡期。在过渡期内，村镇银行应主动加强流动性管理，合理制定过渡期的存贷明确过渡期规划，在开业的五年内村镇银行的存贷比应逐步达到75%的监管要求。应设立风险管理部门，对一些关键的流动性指标进行监测，以及时识别风险和进行防范，一旦流动性指标出现异常，应及时提出预

警，对于回收贷款延期及存款流失等流动性风险事件进行压力测试，建立健全紧急应对预案，以此积极防范流动性风险。在对流动性风险管理方面，不仅要求村镇银行加强自身各方面的风险管理工作，村镇银行的主发起行也加强村镇银行的监督管理，为村镇银行提供必要的智力与财力支持，建立与健全流动性风险的应急预案。

3. 加强操作风险管理

操作风险也有可能使一家运转良好的银行倒闭，巴林银行的倒闭就是最醒目的案例。村镇银行需要积极开展检查工作，对风险点、风险源进行认真排查和梳理，并深入剖析风险点形成的主客观原因，提出有效的防范措施与弥补建议，以此来系统地规避此类操作风险。要按照“流程设置→风险点排查→管控措施→流程完善”思路，不断完善自身制度、完善操作规章流程。建立岗位交流制度，特别是对包括客户经理在内的重要岗位，在同一个岗位连续工作超过三年必须要进行岗位交流。同时，人力资源建设也需要加强。村镇银行须根据员工的自身特点，分类制定人才管理机制；在实现人员的本土化，与基层员工全面优势发展的同时，要打破区域化及地域化壁垒；广泛引进满足业务发展与风险监管需要的专业技术人；对中高层管理人员须实行市场化选聘工作，通过竞争机制来选用人才；注重对具有专业背景和从业经验的年轻干部的培养，并将它们充实到核心业务岗位；由于村镇银行的定位为支农服务，因此需培育员工对“三农”的感情，不断开展农业、农村知识方面的培训，提高员工对农村金融服务的全面认识；在招聘员工时，要增加有农村生活经历员工的招聘比例，以更快地适应和融入到当地农村经济建设队伍中去。此外，为全面提高员工的综合素质，村镇银行应定期开展员工培训，尤其是对高管人员和董事履职能力的相关培训，对风险管理、会计、信贷及其他专业岗位的关键人员的培训。

4. 加强市场风险管理

利率风险是村镇银行所面临的最主要的市场风险。加强利率危机管理，主要可以从以下这几个方面入手：首先需要解决的是利率定价标准，这就需要村镇银行有关责任人强化利率调研分析工作，及时准确把握、捕捉利率的变化趋势，与此同时还要对比同行及客户定价情况，为决策提供有效的依据。在充分考虑农村资本市场供需状况、资金吸收成本、贷款管理成本、农民承受能力等不同因素的前提下，同时兼顾市场化原则和风险覆盖原则，谨慎合理地确定利率。面对不同的贷款对象，从贷款额度、借款时限和还款方式等方面进行差别对待，同时得到满足客户需求和提高还款率的目标，为业务的可持续发展提供保障。另外，还要加强利率管理考核，对利率浮动幅度、利率机会成本率等各项指标进行监测并分析，确保存在足够的赢利空间。此外，要集中各渠道信息，着重评估利率风险，强化资金交易各个流程的风险控制，全面健全风险管理流程，全面加强风险监测与评价。

8 结论与展望

8.1 本书的主要结论

与以往研究不同，本书综合运用各种理论和方法，从农村金融生态环境、制度安排以及微观运营的角度分析了村镇银行脆弱性的形成，构建了村镇银行脆弱性综合评价模型对其脆弱性进行测度，并提出促进降低村镇银行脆弱性的对策。通过前文的分析，得到如下基本结论：

第一，当前我国村镇银行生存和可持续发展能力相对较弱。本书兼顾主客观赋权法优点，确立了基于熵值法和层次分析法的综合权重，并基于此构建了村镇银行脆弱性综合评价模型。采用所设计的村镇银行脆弱性综合评判模型，以湖南省村镇银行为研究对象，对我国村镇银行脆弱性进行实证分析，分析表明村镇银行脆弱性程度偏高，反映了当前村镇银行生存和可持续发展能力相对较弱的现状。

第二，农村金融生态环境不佳是导致村镇银行脆弱性的外部环境因素。根据理论和文献分析，对农村金融生态环境进行了深入研究，具体分析农村金融生态环境各个构成子系统以及各子系统属性对村镇银行脆弱性的影响机理。研究将农村金融生态环境分为农村经济环境、农村金融环境、农村政策环境、农村法律环境以及农村信用环境，并在此基础上构建了农村金融生态环境与村镇银行脆弱性的关系模型。通过实地访谈和问卷调查，运用结构方程模型，对农村金融生态环境及其属性构成与村镇银行脆弱性的关系进行了实证检验，研究结果表明：除了农村经济环境中农村市场经济可持续性、农村金融环境中的农村金融效率和农村金融市场结构、农村法律环境及其3个维度对村镇银行脆弱性的影响未得到支持外，其他因素的改善均对降低村镇银行脆弱性有显著正向影响。

第三，村镇银行作为针对农村金融体系的一项制度安排，自身的制度安排和外界的制度环境都会影响其可持续发展的能力。本书从村镇银行的市场准入制度、外部的市场约束制度以及危机舒缓制度三个方面来探讨村镇银行脆弱性生成的制度因素。从市场准入制度的视角，基于Salop圆周模型的研究发现过低的市场准入制度会降低村镇银行的特许权价值，阻碍激励约束机制作用的充分发挥，导致经营管理的弊端；外部市场约束制度的不完善增加了村镇银行的运营风险，削弱了其可持续发展能力；此外，根据信息不对称理论，我国的隐性存款保险制度和最后贷款人制度在实施过程中的随意性和模糊性加剧了农村金融市场上的逆向选择和道德风险，易导致村镇银行的脆弱性。

第四，微观的经营管理能力较弱是村镇银行脆弱性的重要来源之一。村镇银行运营机制的脆弱性根源主要表现在吸储能力低下、信用增进模式差、贷款定价能力差、业务结构单一、风险管理能力弱等方面。吸储难问题的根源在于村镇银行信誉的缺乏，抵押、担保的缺失会导致严重的脆弱性，贷款定价能力不足导致村镇银行与商业银行相比更加脆弱，中间业务缺失、业务结构单一，这种经营模式削弱了村镇银行的赢利能力。此外，村镇银行的风险管理能力不强，这无疑会削弱其抵御风险的能力。

第五，信用增进手段的缺失导致了村镇银行的脆弱性。在介绍当前村镇银行的信用增进现状的基础上，分别研究在完全无信用增进、完全担保抵押、纳入信用体系约束三种情形下村镇银行与贷款农户（企业）之间的博弈分析，并与普通商业银行的贷款博弈进行了收益比较分析。研究发现，和普通商业银行相比，村镇银行更具脆弱性，这主要源于信用增进手段的缺失，而根源在于农户抵押物品的不足。

第六，依托贝叶斯纳什均衡模型，研究了村镇银行与普通商业银行之间

的贷款竞价问题。研究发现在成本劣势和信息劣势的背景下，村镇银行的贷款定价能力和竞价能力显著弱势于普通商业银行。进一步地，基于期权博弈模型，研究了村镇银行的最优贷款定价问题，结果发现村镇银行贷款定价的决定因素在于借款企业的资产价值风险、企业破产概率、企业破产成本率、税率等，而村镇银行信贷对象具有高风险、高破产率、高破产成本率等特征，给村镇银行带来更大的系统性风险，易导致脆弱性。

第七，村镇银行业务结构单一、中间业务的缺失削弱了其赢利能力，是导致村镇银行脆弱性的重要因素。与普通商业银行相比，村镇银行的业务结构相对比较单一，主要集中于储蓄存款业务、农户小额信用贷款业务和质押贷款业务。其中，农户小额贷款行政色彩浓、运营成本高、运营风险大，而能为银行带来较强营利性的中间业务在村镇银行中未开展，这些方面都使得村镇银行更为脆弱。

第八，村镇银行风险控制能力较弱给其健康稳定发展带来了隐患。由于面对的主要是小企业或农户，缺少以往的信用记录，无法评估其财务及产业发展系统，因此村镇银行目前主要还是采取“回避”的方式防范信用风险；缺少流动性风险应急方案，未明确出现流动性危机时的资金来源及采取的相关处置措施；软、硬件条件的匮乏和人员素质偏低都易导致操作性风险，而在内部贷款利率的制定方面存在问题易导致市场风险。

第九，根据理论和实证分析结果，应从改善农村金融生态环境、完善制度安排、提高经营管理能力三个方面来着手，提出降低村镇银行脆弱性的对策建议。

8.2 本书的主要创新点

本书综合运用各种理论和方法，对村镇银行的脆弱性的测度及成因进行了深入分析，丰富了对村镇银行研究的理论体系。本书有以下创新之处：

（1）区别于已有研究，将村镇银行脆弱性归结为其生存和可持续发展的能力表现，对脆弱性的这种概括更能反映我国村镇银行脆弱性的现状特点及其症结所在。

（2）按照“先满足全面性，再满足代表性”的方法，结合非参数 Kruskai－walls 检验和 Spearman 秩相关系数，设计村镇银行脆弱性评判指标体系，兼顾主客观赋权法优点，确立了基于熵值法和层次分析法的综合权重，并基于此构建了村镇银行脆弱性综合评价模型。采用所设计的村镇银行脆弱性综合评判模型对湖南省村镇银行脆弱性进行实证分析。

（3）从农村金融生态环境的角度探讨村镇银行脆弱性的生成。根据理论和文献分析对农村金融生态环境进行了深入研究，将农村金融生态环境分为农村经济环境、农村金融环境、农村政策环境、农村法律环境及农村信用环境五个子系统，深入分析了农村金融生态环境各个构成子系统的属性以及对村镇银行脆弱性的影响机理，并通过实地访谈和问卷调查，运用结构方程模型，对农村金融生态环境及其属性构成与村镇银行脆弱性的关系进行了实证检验。

（4）从微观视角深入挖掘了村镇银行的脆弱性及其来源，以吸储能力、信用增进模式、贷款定价能力、业务结构、风险管理五个方面为切入点，分析并与普通商业银行比较研究了村镇银行的脆弱性程度、脆弱性来源等问题。其中，在信用增进模式研究中采用的是博弈论模型；在贷款定价方面的研究中，采用贝叶斯纳什均衡模型研究了村镇银行贷款定价的缺陷，并基于期权定价模型构建了村镇银行贷款定价的期权博弈模型；在吸储能力的研究中，以现金流和流动性影响作为了研究切入点，这都是本书的创新之处。

8.3 研究展望

在对村镇银行脆弱性的研究方面，虽然本书在分析视角和研究方法上存在可能的创新，但在理论和实践方面还有许多问题有待于进一步纳入探讨。本书的不足之处主要表现为以下两个方面。

第一，本书的核心内容之一是对村镇银行脆弱性进行测度，这需要大量而详细的数据支撑，但由于我国目前善未有公开的村镇银行的数据，且本人掌握的数据比较有限，故仅以湖南省村镇银行为研究对象进行了实证分析，还有待深入进行研究。

第二，本书对于农村金融生态环境与村镇银行脆弱性关系方面的研究仅进行了尝试性的分析，尚存在一些不足，如没有设置相关的控制变量等，这也是后续的研究方向。

村镇银行脆弱性的研究涉及面广，也比较复杂，本书只是探索性地做了部分研究，且存在种种不足，这些不足将是作者进一步完善与拓展研究的方向。

参考文献

[1] ALESSANDRO VERCELLI. A theory of minsky moments: a restatement of the financial instability hypothesis in the light of the "subprime" crisis [C]. Economics Working Paper Archive, 2009.

[2] ARVIND KRISHNAMURTHY. Global imbalances and financial fragility [R]. NBER Working Paper, 2009.

[3] MINSKY MOMENTS, RUSSELL CHICKENS, GRAY SWANS. The methodological puzzles of the financial instability analysis [R]. Working Paper, 2009.

[4] AYKUT KIBRITCIOGLU. Excessive risk - taking, banking sector fragility, and banking crises [R]. NBER Working Paper, 2002.

[5] ALLENl N BERGER, NATHAN H MILLER, MITCHELL A PETERSEN. Does function follow organizational form? evidence from the lending practices of large and small banks [J]. Journal of Financial Economics, 2005, 76 (2): 237 -269.

[6] ALLEN, GALE. Financial intermediaries and markets [M]. New York University, 2003.

[7] ALLEN, FRANKLIN, DOUGLAS GALE. Competition and financial stability [J]. Journal of Money, Credit and Banking, 2004, 36 (3): 453 -480.

[8] ALLEN N, BERGER, GREGORY F UDELL. The institutional memory hypothesis and the procyclicality of bank lending behavior [J]. Journal of Financial Intermediation, 2004, 13 (4): 458 -495.

[9] A DAS, S GHOST. Financial deregulation and profit efficiency: a non-parametric analysis of Indian banks [J]. Journal of Economics and Business, 2009, 61 (6): 509 – 28.

[10] BOYD, JOHN H, DE NICOLO GIANNI. The theory of bank risk taking and competition revisited [J]. Journal of Finance, 2005, 60 (3): 1329 – 1343.

[11] BYRD, TURNER. Measuring the flexibility of information technology infrastructure: exploratory analysis of a construct [J]. Journal of Management Information Systems, 2000, 17 (1): 167 – 208.

[12] BARON R M, KENNY D A. The moderator – mediator variable distinction in social psychological research: conceptual, strategic, and statistical considerations [J]. Journal of Personality and Social Psychology, 1986, 51 (6): 1173 – 1182.

[13] BOYD JOHN H, GIANNI DE NICOLO, BRUCE D SMITH. Crises in competitive versus monopolistic banking systems [J]. Journal of Mon – ey, Credit and Banking, 2004, 36 (3): 487 – 506.

[14] BERGER A, HARSANL, KLAPPERLF. Further evidence on the link between finance and growth: an international analysis of community banking and economic performance [J]. Journal of Finaneial Serviees Researeh, 2004, 4 (25): 169 – 202.

[15] BERGER A N, OSTROMOGOLSKY P. The effects of banks on "debt – sensitive" small businesses [J]. Journal of Financial Economic Policy, 2009, 1: 44 – 79.

[16] CHARLES A E GOODHART, POJANART SUNIRAND, DIMITROS P TSOMOCOS. A model to analyse financial fragility, economic Theory [J]. 2006, 27 (1): 107 – 142.

[17] COLIN KIRKPATRICK, SAMUEL MUNZELE MAIMBO. The implications of the evolving microfinance agenda for regulatory and supervisory policy [J].

Development Policy Review, 2002, 20 (3): 293-304.

[18] CGAP. The global financial crisis: what does it mean for microfinance? [R]. www. cgap. org, December15, 2008.

[19] CLAUDIO GONZALEZ - VEGA. Deepening rural financial markets: macroeconomic, policy and political dimensions [R]. Washington D C: US Agency for International Develop - ment, 2005.

[20] CHRISTOFI MISHI YAMA. Volatility in price changes of major Asian stock markets [J]. International Review of Financial Analysis, 2001, 10 (1): 87-96.

[21] CHARLES A E GOODHART, HAIZHOU HUANG. The lender of last resort [J]. Journal of Banking&Finance, 2005, 29: 1059-1082.

[22] CRAMER J SEORING BALLKING. Loans that may go wrong—a case study [J]. Journal of International Money and Finance, 2004, 58 (3): 365-381.

[23] CHARLES CALOMIRIS, T PORNROJNANGKOOL. Relationship banking and the pricing of financial serviees [R]. NBER Working Paper, 2006.

[24] C RANDALL HENNING. Coordinating regional and multilateral financial institutions [R]. Peterson Institute for International Economics Working Paper, 2011.

[25] DIAMOND, DOUGLAS W, PHILLIP H. Dybvig. Bank runs, deposit insurance, and liquidity [J]. Journal of Political Economy, 1983 (41): 401-432.

[26] DAM, KANISKA, ZENDEJAS - CASTILLO, SUSANA W. Market power and risk taking behavior of banks [J]. Estudios Económicos, 2006, 21 (1): 55-84.

[27] DE YOUNGR, DUFFY D. Challenges facing conununity banks in their own words [R]. Federal Reserve Bank of Chieago Eeonomie Perspectives, 2004.

[28] FRANCIS KEHINDE EMENI. Micro finance institutions (MFIs) in nigeria - problems and prospects: questionnaire survey findings [J]. Journal of Fi-

nancial Management and Analysis, 2008, 21 (1): 69 –76.

[29] FERNANDO FERRARI – FILHO. The financial fragility hypothesis applied to the public sector: an analysis for Brazil's economy from 2000 to 2008 [J]. Journal of Post Keynesian Economics, 2010, 33 (1): 151 –168.

[30] FREDERIC S, MISHKIN. Understanding financial crisis: a development country perspective [J]. World Bank, 1996 (2): 29 –62.

[31] GUTTENTAG, JACK, RICHARD HERRING. Credit rationing and financial disorder [J]. Journal of Finance, 1984 (12): 135 –145.

[32] HEATHER MONTGOMERY, JOHN WEISS. Great expectations: microfinance and Poverty Reduction in Asia and Latin America [R]. ADB Institute Research Paper, No. 63, 2005.

[33] HOWARD STEIN. Financial liberalisation, institutional transformation and credit allocation in developing countries: the World Bank and the internationalisation of banking [J]. Cambridge Journal of Economics, 2010, 34 (2): 257 –273.

[34] JACOB YARON, MCDONALD BENJAMIN. Developing rural financial markets [J]. Finance & Development, 1997 (12): 40 –43.

[35] KNUTSEN, SVERRE, HANS. Institutional clash and financial fragility: an evolutionary model of banking crises [R]. MPRA Paper, 2009.

[36] KOROTOUM OU OUATTARA, DOUGLAS H GRAHAM. Village banks, caisses villageoises and credit unions: lessons from client – owned microfinance organizations in west Africa [R]. Economics and Sociology Occasional Paper, No. 2523, 1998.

[37] KREGAL J A. Margins of safety and weight of the argument in generating financial fragility [J]. Journal of Economics, 1997, 31 (2): 543 –548.

[38] LITTLEFIELD. The global financial crisis and its impact on microfinance [R]. Working Paper, 2009.

[39] LOAYZA N, R RANCIERE. Financial development, financial fragility, and growth [J]. Journal of Money, Credit and Banking, 2006 (38): 1051 - 1076.

[40] MARIA FABIANA PENAS, GUNSELI TUMER - ALKAN. Bank disclosure and market assessment of financial fragility: evidence from Turkish Banks' equity prices [J]. Journal of Financial Services Research, 2010, 37 (2): 159 - 178.

[41] MAITREESH GHATAK, TIMOTHY W. Guinnane. The economics of lending with joint liability: theory and practice [J]. Journal of Development Economics, 1999, 60 (1): 195 - 228.

[42] MINSKY, HYMA. The financial fragility hypothesis: capitalist process and the behavior of the economy in financial crises [M]. Cambridge: Cambridge University Press, 1982.

[43] MAECHLER A M, MITRA S. Decomposing financial risks and vulnerabilities in eastern Europe [R]. IMF Working Paper, 2007.

[44] MISHKIN. Understanding financial crises: a developing country perspective [C]. Annual World Bank Conference on Development Economics, 1996.

[45] MAREK DABROWSKI. Develpoment perspectives and dilemmas [M]. Ashgate Publishing Company, 2004.

[46] MALDONADO, WILFREDO L. Collateral or utility penalties? [J]. International Journal of Economic Theory, 2007, 3 (2): 1 - 21.

[47] MIKKO NISKANEN. Lender of last resort and the moral hazard problem [R]. Bank of Finland Discussion Papers, 2002.

[48] MAECHLER A, M ONG, L LI. Foreign banks in the CESE countries: in for a penny, in for a pound [R]. IMF Working Paper, No. 54, 2009.

[49] NICOLA GENNAIOLI, ANDREI SHLEIFER, ROBERT W. Neglected risks, financial innovation, and financial fragility [R]. NBER Working Paper, No.

w16068, 2010.

[50] NIELS HERMES, ROBERT LENSINK, ALJAR MEESTERS. Financial development and the efficiency of microfinance institutions [R]. Working Paper Series, 2009.

[51] NAVEEN K SHETTY, VEERASHEKHARAPPA. The microfinance promise in financial inclusion: evidence from India [J]. The IUP Journal of Applied Economics, 2009, 9 (8): 174 – 189.

[52] PIERO FERRI, ANNAMARI VARIATO. Financial fragility in a macro model à la minsky with regime switching [R]. working paper, 2009.

[53] ROBERT CULL, ASLI DEMIRGU C – KUNT, JONATHAN MORDUCH. Financial performance and outreach: a global analysis of leading microbanks [J]. The Economic Journal, 2007, 23 (2): 131 – 152.

[54] RUIZ – PORRAS, ANTONIO. Banking competition and financial fragility: evidence from panel – data [R]. MPRA Paper, 2007.

[55] R SUETORSAK. Banking crisis in east Asia: a micro/macro perspective [J]. Review of Quantitative Finance and Accounting, 2006 (26): 219 – 248.

[56] R GALEMA, R LENSINK, L SPIERDIJK. International diversification and microfinance [J]. Journal of International Money and Fiance, 2011, 30 (3): 507 – 515.

[57] SOON RYOO. Long waves and short cycles in a model of endogenous financial fragility [J]. Journal of Economic Behavior & Organization, 2010, 74 (3): 163 – 186.

[58] SCHULTESS. The implications of economic integration for financial stability: an European Perspective [J]. Law and Economics of Risk in Finance, 2007 (1): 95 – 100.

[59] SAIBAL GHOSH. Credit growth, bank soundness and financial fragility: evidence from Indian banking sector [J]. South Asia Economic Journal, 2010, 11

(1): 69 -98.

[60] SUSAN SCHROEDER. Defining and detecting financial fragility: New Zealand's experience [J]. International Journal of Social Economics, 2009, 36 (3): 287 -307.

[61] STROBEL, FRANK. Financial fragility and crisis union in the Asia - Pacific region [J]. Global Economy Journal, 2009, 9 (2).

[62] STEIN. Banks as liquidity providers: an explanation for the coexistence of lending and deposit - taking [J]. Journal of Finance, 2002, 57 (1): 33 -73.

[63] STIGLITC J, WEISS H. Creditrationing in market with imperfect information [J]. Amercian Economic Review, 1981, 71 (7): 393 -410.

[64] THORSTEN BECK, DEMIRGUS - KUNT, ROSS LEVIN. SMEs, growth, and poverty: cross - country evidence [J]. Journal of Economic Growth, 2005, 1 (9): 199 -229.

[65] THONG J Y L, YAP C S, RAMAN K S. Top management support, external expertise and information systems implementationin small businesses [J]. Information Systems Research, 1996, 7 (2): 248 -267.

[66] QI CHEN, ITAY GOLDSTEIN, WEI JIANG. Payoff complementarities and financial fragility: evidence from mutual fund outflows [J]. Journal of Financial Economics, 2010, 97 (2): 239 -262.

[67] XIAOQIANG CHENGH, HANS DEGRYSE. The impact of bank and non - bank financial institutions on local economic growth in China [J]. Journal of Financial Services Research, 2010, 37 (2): 179 -199.

[68] YUE YIDING. Study on identification and evaluation of financial risks of the listed company based on VAR, advances in management of technology proceedings of The international conference on management of technology [C]. Taiyuan, 2008.

[69] 阿兰·斯密德. 制度与行为经济学 [M]. 北京: 中国人民大学出

版社，2009.

[70] 艾洪德，郭凯．金融脆弱性、不完全信息、制度变迁与金融风险［J］．财经问题研究，2006（7）：30－35.

[71] 白钦先．金融可持续发展导论［M］．北京：中国金融出版社，2001.

[72] 陈军，曹远征．农村金融深化与发展评析［M］．北京：中国人民大学出版社，2008.

[73] 陈守东，杨东亮．中国银行体系脆弱性的动态分析与预测［J］．吉林大学社会科学学报，2010（7）：1－9.

[74] 陈水利，李敬功，王向功．模糊集理论及其应用［M］．北京：科学出版社，2005.

[75] 陈传波．农户风险与脆弱性：一个分析框架及贫困地区的经验［J］．农业经济问题，2005（8）：47－50.

[76] 陈雨露，马勇，杨栋．中国农贷市场的利率决定：一个经济解释［J］．经济理论与经济管理，2009（6）：46－51.

[77] 巴曙松．巴塞尔新资本协议框架下的操作风险衡量与资本金约束［J］．经济理论与经济管理，2003（2）：17－24.

[78] 常相全，张守凤．基于 AHP/DEA 的农村金融生态环境评价［J］．统计与决策，2008（11）：58－60.

[79] 陈建新，罗伟其，庞素琳．基于可拓方法我国银行体系脆弱性的评价［J］．数学的实践与认识，2011（10）：37－42.

[80] 杜朝运，林智乐．关于我国金融脆弱的若干分析［J］．上海经济研究，2007（2）：48－51.

[81] 戴钰．基于多元 LOGIT 模型对我国银行体系脆弱性的实证研究［J］．经济问题，2010（7）：101－105.

[82] 高凌云．对村镇银行信用风险防范的思考［J］．农业经济，2008（5）：85－86.

[83] 高传华. 村镇银行制约因素与发展路径选择 [J]. 中国国情国力, 2012 (5): 20-22.

[84] 高晓燕, 孙晓靓. 我国村镇银行可持续发展研究 [J]. 财经问题研究, 2011 (6): 96-100.

[85] 管七海, 冯宗宪. 我国商业银行非系统金融风险的度量及预警实证研究 [J]. 经济科学, 2001 (1): 35-46.

[86] 国家统计局农村社会经济调查总队. 2004 中国农村经济调研报告 [R]. 北京: 中国统计出版社, 2004 (10).

[87] 黄金老. 论金融脆弱性 [J]. 金融研究, 2001 (3): 41-49.

[88] 黄金老. 金融脆弱性分析——金融理论前沿课题 [M]. 2 辑. 北京: 中国金融出版社, 2003.

[89] 何颖媛. 农村金融生态环境与新型农村金融机构脆弱性研究——基于结构方程模型的分析 [J]. 系统工程, 2013 (1): 44-51.

[90] 岳意定, 何颖媛. 房地产需求冲击对价格和交易量的影响研究——兼论价量和谐的宏观调控政策 [J]. 湖南科技大学学报: 社会科学版, 2013 (3): 80-84.

[91] 何颖媛, 何铮. 基于功能视角的新型农村金融机构脆弱性测度研究 [J]. 中南大学学报: 社会科学版, 2012 (1): 121-125.

[92] 何颖媛, 朱相诚. A 股市场的 QFII 效应研究——来自指数收益率的垂直视角考察 [J]. 兰州商学院学报, 2011 (2): 36-42.

[93] 胡忠良. 村镇银行的信贷风险及防范路径 [J]. 生产力研究, 2011 (1): 67-68.

[94] 姜旭朝, 丁昌锋. 民间金融理论分析: 范畴、比较与制度变迁 [J]. 金融研究, 2004 (8): 100-111.

[95] 刘民权, 徐忠, 俞建拖. 信贷市场中的非正规金融 [J]. 世界经济, 2003 (7): 1-13.

[96] 刘玲玲. 中国农村金融发展研究 (2007 汇丰——清华经管学院中国

农村金融发展研究报告）［R］．北京：清华大学出版社，2008.

［97］湘勤，陈建华．金融监管中的激励冲突——金融企业家行为与金融脆弱性［J］．上海金融，2010（8）：51－55.

［98］雷启振．中国农村金融体系构建研究——基于“三农”实证视角［D］．武汉：华中科技大学，2009.

［99］刘卫江．中国银行体系脆弱性问题的实证研究［J］．管理世界，2002（7）：3－10.

［100］刘飞宇，蒲勇健．基于动态因子分析的我国银行体系脆弱性的判断与测度［J］．理论研究，2010（2）：19－23.

［101］刘波，刘亦文．我国村镇银行风险控制研究［J］．经济纵横，2012（5）：77－79.

［102］李志辉，李萌．我国商业银行信用风险识别模型及其实证研究［J］．经济科学，2005（5）：61－71.

［103］李小云，董强．农户脆弱性分析方法及其本土化应用［J］．中国农村经济，2007（4）：32－39.

［104］李学邦，汪昌桥．小额贷款公司的试点难题［J］．中国金融，2010（2）：92.

［105］李杨，王国刚，刘煜辉．中国城市金融生态环境评价［M］．北京：人民出版社，2005.

［106］柳松，刘春桃．村镇银行文献研究综述［J］．重庆工商大学学报：社会科学版，2009（12）：71－75.

［107］罗航，罗蔚．我国信用评价行业发展环境优化研究［J］．征信，2011（2）：36－39.

［108］陆磊，丁俊峰．中国农村合作金融转型的理论分析［J］．金融研究，2006（6）：1－14.

［109］梁琪．商业银行信贷风险度量研究［M］．北京：中国金融出版社，2005.

[110] 孟科学．微型金融制度模式的比较分析与启示［N］．光明日报，2009-12-15.

[111] 马尔科姆·奈特．寻求更为有效的市场约束［J］．中国金融，2004（6）：37-38.

[112] 马卫锋，刘春彦，宗家锋．中国金融脆弱性悖论：一个进化博弈论解释［J］．辽宁工学院学报，2007（2）：58-61.

[113] 马勇，陈雨露．作为“边际增量”的农村新型金融机构：几个基本问题［J］．经济体制改革，2010（1）：111-121.

[114] 孟德锋，卢亚娟，方金兵．金融排斥视角下村镇银行发展的影响因素分析［J］．经济学动态，2012（9）：70-73.

[115] 南旭光，严太华．信息不对称与银行体系脆弱性［J］．海南金融，2004（9）：7-10.

[116] 牛海波，王松伟．汇丰村镇银行吸储方式创新研究［J］．西南大学学报：社会科学版，2010（5）：142-143.

[117] 欧文·伊文斯，等．金融体系稳健性的宏观审慎指标［M］．北京：中国金融出版社，2001.

[118] 蒲勇健，宋军．农村信贷市场：特征效率与组织重构［J］．南方金融，2003（9）：13-16.

[119] 秦汉锋．村镇银行制度创新、环境约束及其演进［J］．武汉金融，2008（5）：38-41.

[120] 钱雪松，袁梦婷．银行业集中度、间接融资比例和银行脆弱性——基于1990—2008年跨国数据的实证研究［J］．中南财经政府大学学报，2012（4）：48-53.

[121] 阮勇．村镇银行发展的制约因素及改善建议——从村镇银行在农村金融市场中的定位入手［J］．农村经济，2009（1）：55-57.

[122] 任再萍，赵自兵．金融脆弱性的微观观点：银行授信外部性与企业负债剩余假说［J］．国际金融研究，2005（11）：29-34.

[123] 孙立明．关于发展新型农民资金互助合作组织的研究［D］．吉林大学，2006.

[124] 孙立坚，牛晓梦，李安心．金融脆弱性对实体经济影响的实证研究［J］．财经研究，2004（1）：61－69.

[125] 宋敏．银行业脆弱性形成机理：基于预算软约束的分析［J］．现代经济探讨，2006（3）：62－64.

[126] 宋瑞波，刘江会．"银行体系的脆弱性"与"分业和混业"的争论［J］．当代财经，2004（3）：1－7.

[127] 沈冰．优化农村金融生态环境建设的思考［J］．农村经济，2006（1）：61－63.

[128] 唐晓旺．我国村镇银行组织创新的路径探索［J］．河北金融，2008（8）：59－62.

[129] 田永强，王凤芹．农业政策性银行脆弱性问题研究［J］．金融理论与实践，2006（3）：52－56.

[130] 田力，故改导，王东方．中国农村金融融量问题研究［J］．金融研究，2004（3）：125－135.

[131] 唐国储，李选举．新巴塞尔协议的风险新理念与我国国有商业银行全面风险管理体系的构建［J］．金融研究，2006（1）：46－54.

[132] 徐燕．我国金融体系金融脆弱性分析研究［J］．生产力研究，2010（4）：75－77.

[133] 肖华荣，鲁丹．外资银行进入对上海银行业的影响研究——基于市场结构的分析与实证［J］．金融研究，2006（11）.

[134] 徐杰．信息不对称与金融市场脆弱性［J］．中央财经大学学报，2004（4）：30－34.

[135] 许长新，张桂霞．国际资本流动对我国银行体系稳定性影响的实证研究［J］．亚太经济，2007（1）：47－50.

[136] 徐诺金．论我国的金融生态环境问题［J］．金融研究，2005

(11)：35－45.

[137] 肖华荣，鲁丹．外资银行进入对上海银行业的影响研究——基于市场结构的分析与实证 [J]．金融研究，2006 (11)：1－9.

[138] 吴治民，韩扬．村镇银行在农村金融生态建设中的作用研究 [J]．农村金融，2007 (6)：93－94.

[139] 伍志文．中国金融脆弱性分析 [J]．经济科学，2002 (3)：5－13.

[140] 万晓莉．中国1987—2006年金融体系脆弱性的判断与测度 [J]．金融研究，2008 (6)：80－93.

[141] 王苇航．关于发展农村资金互助合作组织的思考 [J]．农业经济问题，2008 (8)：61－65.

[142] 吴庆田，陈伟．农村金融生态环境与金融效率指标体系构建及互动分析 [J]．财务与金融，2010 (6)：1－6.

[143] 温涛，王煜宇．政府主导的农业信贷、财政支农模式的经济效应——基于中国1952—2002年的经验证据 [J]．中国农村经济，2005 (10)：18－27.

[144] 王继东．对我国村镇银行快速发展的一些思考 [J]．生产力研究，2008 (16)：1－2.

[145] 岳意定．FPR－UTAHP评价方法在农户小额信贷信用评级中的应用 [J]．系统工程，2007 (5)：55－59.

[146] 杨序琴．小额信贷发展的占优均衡：福利主义宗旨与制度主义机制的有机融合 [J]．金融理论与实践，2007 (2)：23－25.

[147] 岳意定．改革和完善农村金融服务体系 [M]．北京：中国财经经济出版社，2008.

[148] 杨德勇，方文恪．我国银行体系是否存在脆弱性之因子分析与测度 [J]．现代财经，2009 (12)：44－50.

[149] 叶振勇．美国金融宏观监测指标体系的构建与运用分析 [M]．成

都：西南财经大学出版社，2003.

［150］岳意定．中国农村金融组织架构的帕累托最优状态分析［J］．系统工程，2006（12）：56－59.

［151］于丽红，陈霞．村镇银行信贷风险管理［J］．生产力研究，2011（1）：69－70.

［152］王凤京．我国金融脆弱性现状及发展势态与应对策略［J］．统计与决策，2007（7）：102－104.

［153］王芳．我国农村金融需求与农村金融制度：一个理论框架［J］．金融研究，2005（4）：89－98.

［154］张亮．微型金融机构的技术效率评价方法［J］．科技管理研究，2007（12）：177－180.

［155］张正平．金融危机下的国际小型金融业：风险、影响及其对策［J］．金融理论与实践，2009（11）.

［156］张五钢．国有商业银行的脆弱性特征及其演进趋势［J］．金融理论与实践，2007（2）：39－41.

［157］张强，薛江华．对最后贷款人制度“太大而不能倒”法则的探析［J］．金融与经济，2006（11）：22－25.

［158］张杰．农户、国家与中国农贷制度：一个长期视角［J］．金融研究，2005（2）：1－12.

［159］左停，刘燕丽，等．贫困农户的脆弱性与小额信贷的风险缓解作用［J］．农村经济，2007（12）：52－56.

［160］周小川．完善法律制度改进金融生态［N］．金融时报，2004－02－12.

［161］周才云．我国村镇银行贷款利率形成的机制缺陷及完善对策［J］．经济纵横，2012（12）：97－100.

［162］赵旭．从信贷市场结构看金融脆弱性与银行竞争的关系［J］．经济科学，2002（3）：14－21.

[163] 张宗益，项慧玲．我国商业银行脆弱性对比分析 [J]．生产力研究，2010（8）：54－56.

[164] 中国人民银行西安分行课题组．最后贷款人职能扩展与维护金融稳定 [R]．北京：中国金融出版社，2007.

[165] 赵革．中国社区银行的制度分析 [D]．天津财经大学博士学位论文，2008.

[166] 中国银行体系脆弱性课题组．我国银行体系脆弱性的形成及其治理（一）[J]．中国监察，2007（10）：52－53.

[167] 中国银行体系脆弱性课题组．我国银行体系脆弱性的形成及其治理（二）[J]．中国监察，2007（11）：54－55.

[168] 中国银行体系脆弱性课题组．我国银行体系脆弱性的形成及其治理（三）[J]．中国监察，2007（12）：56－57.

[169] 钟伟，宛圆渊．预算软约束和金融危机理论的微观构建 [J]．经济研究，2001（8）：44－52.

[170] 周妮笛．基于 AHP－DEA 模型的农村金融生态环境评价——以湖南省为例 [J]．中国农村观察，2010（4）：10－19.